계명대학교 한국어학당
Korean Language and Culture Center
Keimyung University

살아있는 한국어 워크북 5

Korean Alive 5
Advanced Workbook

계명대학교 출판부
KEIMYUNG UNIVERSITY PRESS

살아 있는 한국어 워크북 5

Korean Alive 5
Advanced Workbook

계명대학교 출판부
KEIMYUNG UNIVERSITY PRESS

머리말

계명대학교 한국어학당에서 『살아있는 한국어』 시리즈 개발을 시작한 지 벌써 약 7년이라는 세월이 지났다. 이번에 『살아있는 한국어 5, 6 워크북』을 내놓음으로써 오랫동안 안고 있었던 숙제를 끝내고 뭔가 마무리를 하는 기분이 든다.

『살아있는 한국어 5 워크북』은 『살아있는 한국어 5』의 보조 교재로, 중급 단계를 마친 학습자들의 한국어 의사소통 능력을 강화시키는 데 목표를 두고 개발하였다. 이 책은 주교재에서 구현하고자 했던 학습 목표를 달성할 수 있도록 주교재의 활용도를 높이고자 하였다.

이 책은 주교재를 직접 교실에서 사용하면서 얻게 된 경험을 바탕으로 주교재의 단점을 보완하고자 하였다. 주교재에 관한 분석과 교수 방안에 관한 워크숍 등을 통해 교재 사용자의 의견을 반영하였으며, 수많은 회의를 거쳐 단원을 구성함으로써 보조 교재의 기능을 극대화하고자 하였다. 이와 같은 노력들이 교육 현장에서 결실을 보게 될 것으로 기대한다. 수업 준비에 필요한 시간과 교사의 수고를 덜어 줄 뿐만 아니라 학습자의 자가 학습과 자신감 고양에도 도움이 될 것으로 믿는다.

살아있는 한국어 워크북 5

이 책이 나오기까지 한국어학당 여러 선생님들의 정성과 노고가 있었다. 교재 개발에 직접적으로 참여한 민경모 교수님, 강현자 교수님을 비롯한 강진숙, 조미영, 윤정아, 이정윤 선생님 등은 물론 주위에서 많은 성원과 도움을 아끼지 않았던 분들의 수고에 감사드린다. 또한 정호기 팀장님과 황효순 선생님 등 행정팀의 지원과 출판부의 여러 선생님들의 수고에 감사드린다. 모든 분들의 도움 덕분에 작업과 출판 과정이 순조로울 수 있었던 것 같다. 또한 각종 자료 수집과 편집에 도움을 준 김목아, 박선영 선생을 비롯한 한국어학당의 여러 선생님들께 감사를 드린다. 끝으로 '학습서포터스가 들려주는 대학생활 노하우'를 이 책의 '대학생활 Tip'에 사용하도록 허락해 주신 본교 교수학습개발센터에도 감사를 드린다.

이 책이 실제 수업에서 교사와 학습자 모두에게 유익하게 사용되기를 기대한다.

2015년 8월

저자 대표 김 선 정

일러두기

이 책은 주교재『살아있는 한국어Ⅴ』와 함께 사용하는 워크북으로 교실 수업에서뿐만 아니라 학습자가 수월하게 자습 활동을 할 수 있도록 하는 데 주안점을 두었다. 이 책은 주교재의 구성을 따라 10개의 단원으로 이루어져 있으며, 각 단원은 16쪽 분량이다. 단원별로 크게『어휘』,『문법 및 표현』,『읽고 쓰기』그리고『더 배워 봅시다』로 구성되어 있다.

『어휘』와『문법 및 표현』에서는 해당 단원의 어휘와 문법 및 표현을 정확하고 유창하게 사용할 수 있도록 다양한 문제 유형들을 제시하였다.『읽고 쓰기』에서는 읽기, 쓰기 활동 등의 언어 기능을 제고할 수 는 다양한 텍스트와 과제들을 제시하였다. 마지막으로 각 과가 끝날 때마다『더 배워 봅시다』를 구성하여 한국어능력 향상에 도움이 될 수 있도록 관용어나 접사를 뜻풀이, 예문, 연습 문제와 함께 제시하였다.

본 워크북의 구성은 다음과 같다.

단원소개

소단원 제목과 어휘, 문법 및 표현, 읽고 쓰기, 더 배워 봅시다 등의 학습 내용이 제시된다.

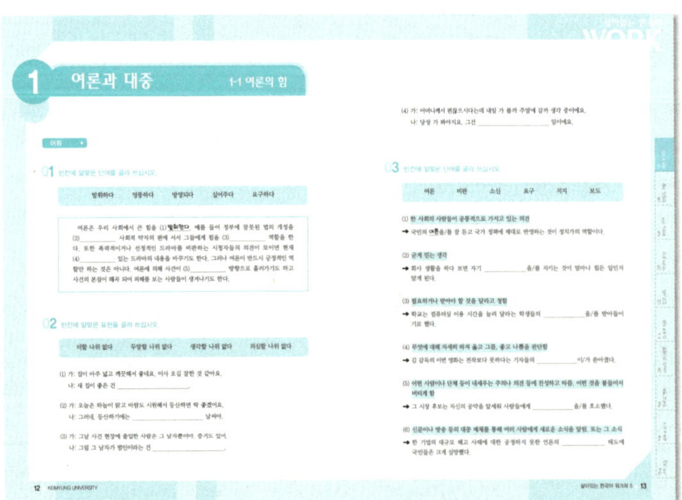

어휘

본문의 새 어휘부터 주제 관련 어휘를 포함한 확장 어휘까지 다룬다. 이들 어휘의 충분한 연습이 이루어질 수 있도록 문장이나 담화 단위의 연습이나 어휘의 통합 관계 연습 등을 중심으로 구성하였다.

① 해당 단원의 1번 문제는 문장 단위의 어휘 연습으로, 본문 이해를 도울 수 있는 핵심 어휘를 제시하여 길잡이역할을 하도록 하였다.

② 어휘 문제의 나머지 부분에서는 본문 주제 관련 어휘 및 확장 어휘 등을 익힐 수 있도록 구성하였다. 텍스트 내에서 어휘의 용법을 익히게 하거나 어휘의 통합 관계를 바탕으로 한 문제 등을 통해 학습자는 어휘 사용 능력을 기를 수 있다.

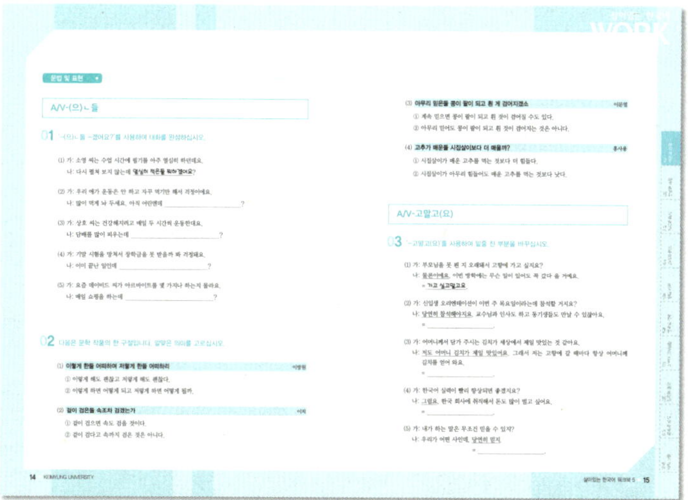

문법 및 표현

단순한 기계적인 형태 연습을 지양하고 가능한 한 맥락이나 담화 상황 내에서의 유의미한 연습이 이루어질 수 있도록 구성하였다. 학습자는 문제를 해결해 나가는 과정을 통해 문법 및 표현 기능을 익히는 것은 물론 신문 기사나 연설문, 등의 여러 유형에 익숙해질 수 있을 것으로 기대된다.

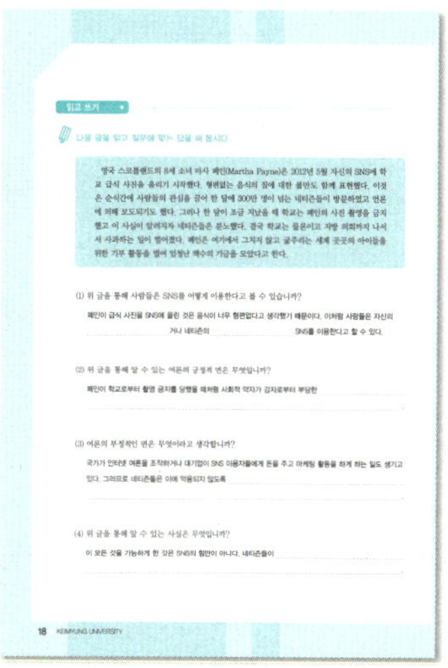

읽고 쓰기

읽기 지문은 다양한 분야의 내용과 장르로 구성하여 학습자의 흥미를 끌 수 있도록 하였다. 학습자는 읽기 활동을 통해 텍스트 유형을 익히게 되며, 이는 쓰기 능력 향상으로 이어질 수 있다.

쓰기 활동을 두려워하는 학습자를 위하여 단락 쓰기에서 시작하여 전체 글쓰기로 점차 범위를 넓혀가도록 구성하였다. 학습자들은 과제 해결을 통해 텍스트 구성에 필요한 절차와 실제적인 지식, 기술등을 익힐 수 있게 된다.

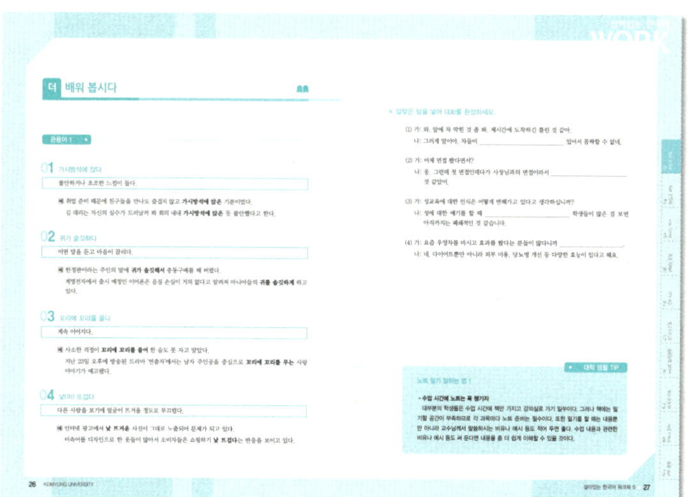

더 배워 봅시다

각 단원의 마지막에는 한국어능력 향상에 도움이 될 수 있도록 관용어와 접사를 뜻풀이와 예문, 연습 문제와 함께 제시하여 학습자가 다각도로 활용할 수 있도록 구성하였다.

CONTENTS

살아있는 한국어 워크북 5

제 1 과

여론과 대중

1-1 여론의 힘

어휘

문법 및 표현
- A/V-(으)ㄴ들
- A/V-고말고(요)
- A/V-더라고(요)
- N에 의해(서)

읽고 쓰기

1-2 한국의 대중문화

어휘

문법 및 표현
- N조차
- A/V-길래
- A/V-았/었더라면
- A/V-(으)ㄹ 걸 그랬다

읽고 쓰기

더 배워 봅시다

관용어 1

1 여론과 대중

1-1 여론의 힘

어휘

01 빈칸에 알맞은 단어를 골라 쓰십시오.

발휘하다　　엉뚱하다　　방영되다　　실어주다　　요구하다

여론은 우리 사회에서 큰 힘을 (1) 발휘한다. 예를 들어 정부에 잘못된 법의 개정을 (2)__________ 사회적 약자의 편에 서서 그들에게 힘을 (3)__________ 역할을 한다. 또한 폭력적이거나 선정적인 드라마를 비판하는 시청자들의 의견이 모이면 현재 (4)__________ 있는 드라마의 내용을 바꾸기도 한다. 그러나 여론이 반드시 긍정적인 역할만 하는 것은 아니다. 여론에 의해 사건이 (5)__________ 방향으로 흘러가기도 하고 사건의 본질이 왜곡 되어 피해를 보는 사람들이 생겨나기도 한다.

02 빈칸에 알맞은 표현을 골라 쓰십시오.

더할 나위 없다　　두말할 나위 없다　　생각할 나위 없다　　의심할 나위 없다

(1) 가: 집이 아주 넓고 깨끗해서 좋네요. 이사 오길 잘한 것 같아요.
　　나: 새 집이 좋은 건 ____________________.

(2) 가: 오늘은 하늘이 맑고 바람도 시원해서 등산하면 딱 좋겠어요.
　　나: 그러네. 등산하기에는 ____________________ 날씨야.

(3) 가: 그날 사건 현장에 출입한 사람은 그 남자뿐이야. 증거도 있어.
　　나: 그럼 그 남자가 범인이라는 건 ____________________.

(4) 가: 어머니께서 편찮으시다는데 내일 가 볼까 주말에 갈까 생각 중이에요.
나: 당장 가 봐야지요. 그건 ______________________ 일이에요.

03 빈칸에 알맞은 단어를 골라 쓰십시오.

여론	비판	소신	요구	지지	보도

(1) 한 사회의 사람들이 공통적으로 가지고 있는 의견
➔ 국민의 여론을/를 잘 듣고 국가 정책에 제대로 반영하는 것이 정치가의 역할이다.

(2) 굳게 믿는 생각
➔ 회사 생활을 하다 보면 자기 _____________을/를 지키는 것이 얼마나 힘든 일인지 알게 된다.

(3) 필요하거나 받아야 할 것을 달라고 청함
➔ 학교는 컴퓨터실 이용 시간을 늘려 달라는 학생들의 _____________을/를 받아들이기로 했다.

(4) 무엇에 대해 자세히 따져 옳고 그름, 좋고 나쁨을 판단함
➔ 김 감독의 이번 영화는 전작보다 못하다는 기자들의 _____________이/가 쏟아졌다.

(5) 어떤 사람이나 단체 등이 내세우는 주의나 의견 등에 찬성하고 따름. 어떤 것을 붙들어서 버티게 함
➔ 그 시장 후보는 자신의 공약을 앞세워 사람들에게 _____________을/를 호소했다.

(6) 신문이나 방송 등의 대중 매체를 통해 여러 사람에게 새로운 소식을 알림. 또는 그 소식
➔ 한 기업의 대규모 해고 사태에 대한 공정하지 못한 언론의 _____________ 태도에 국민들은 크게 실망했다.

문법 및 표현

A/V-(으)ㄴ들

01 '-(으)ㄴ들 -겠어요?'를 사용하여 대화를 완성하십시오.

(1) 가: 소영 씨는 수업 시간에 필기를 아주 열심히 하던데요.
나: 다시 펼쳐 보지 않는데 열심히 적은들 뭐하겠어요?

(2) 가: 우리 애가 운동은 안 하고 자꾸 먹기만 해서 걱정이에요.
나: 많이 먹게 놔 두세요. 아직 어린앤데 ______________________?

(3) 가: 상호 씨는 건강해지려고 매일 두 시간씩 운동한대요.
나: 담배를 많이 피우는데 ______________________?

(4) 가: 기말 시험을 망쳐서 장학금을 못 받을까 봐 걱정돼요.
나: 이미 끝난 일인데 ______________________?

(5) 가: 요즘 데이비드 씨가 아르바이트를 몇 가지나 하는지 몰라요.
나: 매일 쇼핑을 하는데 ______________________?

02 다음은 문학 작품의 한 구절입니다. 알맞은 의미를 고르십시오.

(1) **이렇게 한들 어떠하며 저렇게 한들 어떠하리** 이방원

① 이렇게 해도 괜찮고 저렇게 해도 괜찮다.
② 이렇게 하면 어떻게 되고 저렇게 하면 어떻게 될까.

(2) **겉이 검은들 속조차 검겠는가** 이직

① 겉이 검으면 속도 검을 것이다.
② 겉이 검다고 속까지 검은 것은 아니다.

(3) **아무리 믿은들 콩이 팥이 되고 흰 게 검어지겠소** 이문열

① 계속 믿으면 콩이 팥이 되고 흰 것이 검어질 수도 있다.

② 아무리 믿어도 콩이 팥이 되고 흰 것이 검어지는 것은 아니다.

(4) **고추가 매운들 시집살이보다 더 매울까?** 홍사용

① 시집살이가 매운 고추를 먹는 것보다 더 힘들다.

② 시집살이가 아무리 힘들어도 매운 고추를 먹는 것보다 낫다.

A/V-고말고(요)

03 '-고말고(요)'를 사용하여 밑줄 친 부분을 바꾸십시오.

(1) 가: 부모님을 못 뵌 지 오래돼서 고향에 가고 싶지요?
나: 물론이에요. 이번 방학에는 무슨 일이 있어도 꼭 갔다 올 거예요.
= 가고 싶고말고요.

(2) 가: 신입생 오리엔테이션이 이번 주 목요일이라는데 참석할 거지요?
나: 당연히 참석해야지요. 교수님과 인사도 하고 동기생들도 만날 수 있잖아요.
= ____________________.

(3) 가: 어머니께서 담가 주시는 김치가 세상에서 제일 맛있는 것 같아요.
나: 저도 어머니 김치가 제일 맛있어요. 그래서 저는 고향에 갈 때마다 항상 어머니께 김치를 얻어 와요.
= ____________________.

(4) 가: 한국어 실력이 빨리 향상되면 좋겠지요?
나: 그럼요. 한국 회사에 취직해서 돈도 많이 벌고 싶어요.
= ____________________.

(5) 가: 내가 하는 말은 무조건 믿을 수 있지?
나: 우리가 어떤 사인데, 당연히 믿지.
= ____________________.

A/V-더라고(요)

04 다음을 읽고 '-더라고(요)'를 사용하여 대화를 완성하십시오.

나는 어제 대구에서 꽤 유명하다는 김광석 거리에 갔다 왔다. 친구를 만나러 대구에 갔는데 내가 좋아하는 가수 김광석을 기념하는 거리가 있다는 말을 듣고 반가운 마음에 찾아간 것이다. 지하철 2호선을 타고 경대병원 역에 내리면 금방이라고 들었는데 사백 미터쯤 더 걸어가야 했다. 입구에 도착하자 김광석의 노래가 울려 퍼지고, 골목길의 벽은 온통 김광석의 얼굴과 다양한 그림들로 채워져 있었다. 그리고 관광객들이 하고 싶은 말을 남기도록 마련된 곳이 있어서 나도 기념으로 한 마디 썼다. 주말이라 그런지 사진을 찍으며 행복해하는 연인들의 모습이 눈에 많이 띄었고, 추억의 먹을거리를 파는 작은 가게들도 모여 있어서 색다른 분위기였다. 그 골목을 다 빠져나왔을 때는 잠시 과거로의 여행을 다녀온 듯한 기분이 들기도 했다.

친구: 우리 내일 김광석 거리에 한번 가 볼래?
어제 인터넷에서 우연히 봤는데 갑자기 가 보고 싶은 마음이 생겼어.

나 : 하하하, 난 벌써 다녀왔지.

친구: 그래? 어떻게 알고 갔어?

나 : 내가 원래 김광석을 좋아하는데 대구에 (1)김광석 거리가 있다고 하더라고.

친구: 어떻게 가는데?

나 : 지하철 2호선을 타고 경대병원 역에서 내려서 (2)____________________.

친구: 가기도 쉽네. 골목길은 어땠어?

나 : 김광석 노래가 나오고 벽에는 (3)____________________.
그리고 하고 싶은 말을 (4)____________________.

친구: 사람들도 많았어?

나 : 주말이어서 그런지 (5)____________________.

친구: 보고 나니까 기분이 어땠어?

나 : (6)____________________.

친구: 이야기를 들어 보니까 나도 가고 싶다. 나중에 꼭 가 봐야겠어.

05 '-더라고(요)'를 사용하여 대화를 완성하십시오.

(1) 가: 방학에 고향에 갔다 왔다면서요?
나: 네. 오랜만에 갔더니 부모님이 ______________________.

(2) 가: 한 달 동안 아르바이트를 했다면서요? 무슨 일을 했어요?
나: 밤에 공장에서 일했는데 잠을 못 자니까 ______________________.

(3) 가: 한국어능력시험이 어땠어요?
나: 읽기가 특히 ______________________. 그래서 문제를 푸는 데 시간이 부족했어요.

(4) 가: 지난 주말에 소개 받은 남자는 괜찮았어요?
나: 네. ______________________. 한 번 더 만나보려고요.

N에 의해(서)

06 '-에 의해(서)'를 사용하여 문장을 완성하십시오.

법	권유	다수	여론	소문	조사	평가	권력

(1) 흉악한 범죄를 저지른 사람은 **법에 의해** 처벌될 것이다.

(2) 친구의 ______________________ 이 모임에 가입하게 됐습니다.

(3) 철저한 ______________________ 이번 사고의 원인이 밝혀질 것이다.

(4) 그 비리 정치인은 ______________________ 자리에서 물러나야 했다.

(5) ______________________ 의견이 결정되는 것을 다수결의 원리라고 한다.

(6) ____.

읽고 쓰기

다음 글을 읽고 질문에 맞는 답을 써 봅시다.

영국 스코틀랜드의 8세 소녀 마사 페인(Martha Payne)은 2012년 5월 자신의 SNS에 학교 급식 사진을 올리기 시작했다. 형편없는 음식의 질에 대한 불만도 함께 표현했다. 이것은 순식간에 사람들의 관심을 끌어 한 달에 300만 명이 넘는 네티즌들이 방문하였고 언론에 의해 보도되기도 했다. 그러나 한 달이 조금 지났을 때 학교는 페인의 사진 촬영을 금지했고 이 사실이 알려지자 네티즌들은 분노했다. 결국 학교는 물론이고 지방 의회까지 나서서 사과하는 일이 벌어졌다. 페인은 여기에서 그치지 않고 굶주리는 세계 곳곳의 아이들을 위한 기부 활동을 벌여 엄청난 액수의 기금을 모았다고 한다.

(1) 위 글을 통해 사람들은 SNS를 어떻게 이용한다고 볼 수 있습니까?

페인이 급식 사진을 SNS에 올린 것은 음식이 너무 형편없다고 생각했기 때문이다. 이처럼 사람들은 자신의 ....거나 네티즌의 ....SNS를 이용한다고 할 수 있다.

(2) 위 글을 통해 알 수 있는 여론의 긍정적 면은 무엇입니까?

페인이 학교로부터 촬영 금지를 당했을 때처럼 사회적 약자가 강자로부터 부당한 ....

....

(3) 여론의 부정적인 면은 무엇이라고 생각합니까?

국가가 인터넷 여론을 조작하거나 대기업이 SNS 이용자들에게 돈을 주고 마케팅 활동을 하게 하는 일도 생기고 있다. 그러므로 네티즌들은 이에 악용되지 않도록 ....

....

(4) 위 글을 통해 알 수 있는 사실은 무엇입니까?

이 모든 것을 가능하게 한 것은 SNS의 힘만이 아니다. 네티즌들이 ....

....

1-2 한국의 대중문화 여론과 대중 1

• 어휘

01 빈칸에 공통으로 들어갈 단어를 골라 쓰십시오.

생기다	올리다	갖추다	얻다	열리다

(1) • 정부가 매년 공공요금을 ____________ 서민들의 생활이 갈수록 힘들어진다.
• 민준이는 이번 가을에 여자 친구와 결혼식을 ____________ 예정이다.
• 올림픽 대회에서 우리나라 선수들이 기대 이상의 좋은 성적을 ____________.

(2) • 시간이 늦어서 거리에 문이 ____________ 식당이 거의 없어요.
• 남자의 끈질긴 구애에 결국 여자의 마음이 ____________.
• 이번 주말에 근처 공원에서 다양한 행사가 ____________ 예정이니 주민 여러분의 많은 참석을 부탁드립니다.

(3) • 한국을 떠나는 친구한테서 책상이랑 식탁 같은 것을 좀 ____________.
• 이 책을 참고하면 이번 리포트와 관련된 정보를 ____________ 수 있을 거야.
• 가: 저거 지난번에 공연했던 뮤지컬인데 이번에 또 하네?
나: 작년에 관객들한테 좋은 호응을 ____________ 올해 또 공연하게 된 거래.

(4) • 나는 비자를 연장하기 위해서 필요한 서류를 ____________ 출입국 관리사무소로 갔다.
• 오늘은 친구 결혼식에 참석해야 해서 옷을 제대로 ____________ 입었다.
• 가: 김 교수님은 학생들한테 정말 인기가 많으신 것 같아.
나: 김 교수님이야말로 학식과 덕망을 모두 ____________ 분이시거든.

(5) • 컴퓨터에 문제가 ____________ 바람에 발표 준비를 전혀 못했다.
• 우리 오빠는 예쁘게 ____________ 어렸을 때에는 종종 여자로 오해받는 일도 있었다.
• 가: 도대체 무슨 돈으로 이 비싼 옷을 산 거야?
나: 내가 요즘 아르바이트를 해서 돈이 좀 ____________.

02 다음은 신체 관련 관용 표현입니다. 빈칸에 알맞은 표현을 골라 쓰십시오.

배가 아프다	발 벗고 나서다	코가 납작해지다
귀가 가렵다	손에 땀을 쥐다	눈 밖에 나다

(1) 남이 잘 되는 것이 심술이 나고 속이 상하다.

➜ 나보다 못하다고 생각한 친구가 좋은 회사에 취직해서 어깨에 힘주고 다니는 모습을 보니 배가 아파서 참을 수가 없네요.

(2) 긴박한 상황으로 인해 마음이 매우 긴장되다.

➜ 연장전까지 간 축구 경기는 끝까지 ________________ 하는 최고의 승부였다.

(3) 어떤 일에 적극적으로 나서다.

➜ 이번 일이 꼭 성사될 수 있도록 우리 회사가 ________________ 도와 드리겠습니다.

(4) 믿음을 잃고 미움을 받게 되다.

➜ 아무래도 지난번 실수 때문에 부장님의 ________________ 것 같아요.

(5) 몹시 무안을 당하거나 기가 죽다.

➜ 우승을 확신하던 상대팀 선수들이 경기에서 지자 ________________.

(6) 남이 자기에 관한 말을 한다고 느끼다.

➜ 우리가 이렇게 자기 이야기를 하고 있으니 미영이는 지금 ________________.

03 빈칸에 공통으로 들어갈 단어를 골라 쓰십시오.

그저	마침내	두루	진작

(1) • 3시간 동안 쉬지 않고 산을 올라 ____________ 정상에 도착했다.

• 지난 10년 간의 연구 결과로 ____________ 새로운 치료제가 나왔다.

(2) • 집 안에 더러운 곳이 없는지 ______________ 살펴보고 깨끗이 청소해라.
• 댁내 ______________ 평안하시지요?

(3) • 아무 생각 없이 ______________ 한 번 해 본 말인데 동생은 아주 섭섭해했다.
• 부모님 사고 소식에 충격을 받은 친구는 말없이 ______________ 울기만 했다.

(4) • 내가 왜 ______________ 그 생각을 못했을까?
• 나는 돌아가신 할머니를 ______________ 찾아뵙지 못한 것을 후회했다.

04 빈칸에 공통으로 들어갈 단어를 골라 쓰십시오.

대중문화	대중매체	대중화	상품화	생명력

(1) ______________은/는 신문, 잡지, 영화, 텔레비전 등과 같이 많은 사람들에게 정보와 사상을 전달하는 수단을 말한다. ______________을/를 통해 전달되는 정보는 국민들에게 큰 영향을 주기 때문에 정보의 객관성이 매우 중요하다.

(2) 어떤 물건이 사고 팔 수 있는 상품이 되거나 상품으로 되게 만드는 것을 ______________(이)라고 한다. 한 시에서는 전통 음식의 ______________을/를 위해서 노력 중이며, 오늘날과 같은 정보화 사회에서는 모든 지식이 다 ______________이/가 될 수 있다.

(3) 일반 사람들에게 친숙해지거나 그렇게 되게 하는 것을 ______________(이)라고 한다. 예를 들어 클래식의 ______________에 힘쓰고 있는 어떤 지휘자는 관객들이 이해하기 쉽게 곡을 잘 해석해 준다.

(4) 가수의 ______________은/는 가창력에 달려 있다. 가수의 본업이 노래인데 정작 노래를 못한다면 그 가수는 대중들에게 오래 사랑받기가 힘들기 때문이다. 하지만 요즘 가수들을 보면 노래만 잘하는 것이 아니라 작곡, 연기, 프로그램 진행까지 못하는 게 없다. 이게 바로 긴 ______________을/를 유지하는 비결인 것이다.

(5) ______________이/가 발달한 원인은 생활수준이 높아지고 교육의 기회가 확대되었기 때문이다. 특히 매스컴의 영향이 크다고 할 수 있는데 인터넷 사용이 일반화되면서 인터넷 ______________이/가 형성되기도 하였다.

문법 및 표현

N조차

01 '조차, 까지, 마저' 중에서 알맞은 것을 고르십시오.

(1) 가: 요즘 데이비드 씨가 한국어 실력이 많이 늘었지요?
나: 네. 처음엔 가나다(조차/까지/마저) 몰랐는데, 지금은 한국 사람과 대화도 할 수 있을 정도예요.

(2) 가: 김민수 선수, 이번 대회에서 우승할 거라고 예상하셨나요?
나: 아니요. 정말 생각(조차/까지/마저) 못했습니다.

(3) 가: 주말에 무슨 일로 부산에 가셨어요?
나: 바다 보려고 갔는데 간 김에 거기 사는 친구(조차/까지/마저) 만났어요.

(4) 가: 막내 딸(조차/까지/마저) 시집을 가서 허전하시겠어요.
나: 조금 허전하긴 하지만 늦게나마 짝을 만났으니 다행이지요, 뭐.

(5) 가: 할아버지께서 입원하셨다고 들었는데 좀 어떠세요?
나: 처음엔 의식(조차/까지/마저) 없었는데 이젠 식사도 할 수 있을 정도로 좋아지셨어요.

(6) 가: 부모님이 안 계시다고 들었는데 어떻게 돌아가신 거예요?
나: 열 살 때 사고로 아버지를 잃었고 다음 해에 어머니(조차/까지/마저) 병으로 돌아가셨어요.

(7) 가: 들고 다닐 수 있는 작은 노트북 컴퓨터를 사고 싶은데, 그런 건 데스크 탑 컴퓨터보다 성능이 좀 떨어지겠죠?
나: 아니에요. 요즘은 가볍고 얇은 데다가 성능(조차/까지/마저) 좋은 컴퓨터들이 많이 나와요.

A/V-길래

02 관계있는 것을 연결하고 '-길래'를 사용하여 문장을 만드십시오.

(1) 얼마나 바쁠까?	고주망태가 된 겁니까?
(2) 운동을 얼마나 했어?	아직도 안 오는 거야?
(3) 언제 출발했니?	안색이 그렇게 안 좋은 거예요?
(4) 술을 얼마만큼 마셨어?	종일 전화도 못 받아요?
(5) 도대체 무슨 일일까?	십 킬로그램이나 빠졌니?

(1) 얼마나 바쁘길래 종일 전화도 못 받아요?

(2) ______________________________?

(3) ______________________________?

(4) ______________________________?

(5) ______________________________?

A/V-았/었더라면

03 다음 신문 기사의 제목을 보고 '-았/었더라면'을 사용하여 대화를 완성하십시오.

(1) **관광버스 · 승용차 5중 추돌, 2명 사망 10여 명 중경상**

가: 교통사고가 나서 2명이 죽고 10명 정도가 다쳤다는데 이유가 뭐래요?

나: 안개 때문이래요. ______________ 큰 사고는 막을 수 있었을 텐데 말이에요.

(2) **국제시장 상인들 임대료 인상에 한숨**

가: 영화 '국제시장'이 인기를 얻으면서 실제로 시장 안 가게들의 임대료가 엄청 올랐대요.

나: 그래요? 만약에 영화가 ______________ 상인들이 그런 걱정을 안 해도 됐겠네요.

1과 여론과 대중
2과 전설과 속담
3과 취미와 여가
4과 생태와 환경
5과 현대 사회
6과 한국의 전통
7과 소비와 경제생활
8과 한국의 문학
9과 풍속과 음식
10과 대학 생활

(3) **정부, 여론에 밀려 세금 인상안 철회**

가: 국민들이 반대하니까 정부가 세금을 올리기로 한 계획을 취소했다고 하네요.

나: 진작 ______________ 이랬다저랬다 하는 일은 없었을 텐데.

(4) **설 명절 우회도로 잘 이용하면 시간 단축**

가: 설에는 차들이 많아서 고속도로는 복잡하니까 국도로 돌아가는 게 어때요?

나: 그럽시다. 작년에도 ______________ 훨씬 빨리 갔을 텐데, 고속도로로 가는 바람에 일곱 시간이나 걸렸잖아요.

(5) **강원도 야산에 큰불, 등산객 담뱃불이 원인**

가: 어제 강원도에 산불이 나서 5시간 만에 겨우 진화했다는 뉴스 봤어?

나: 나도 그 기사 봤어. 등산객이 ______________ 그런 인재는 일어나지 않았을 거야.

V-(으)ㄹ 걸 그랬다

04 '-(으)ㄹ 걸 그랬다'를 사용하여 대화를 완성하십시오.

(1) 가: 건강 검진 결과가 나왔어요?

나: 네. 전체적으로 건강 상태가 나쁘대요. 꾸준히 ______________.

(2) 가: 면접시험은 잘 봤어요?

나: 긴장해서 한국어로 하는 질문을 제대로 이해 못 했어요. 이럴 줄 알았으면 ______________.

(3) 가: 그 영화가 어때요? 인터넷에선 평이 좋던데.

나: 별로 재미없었어요. 차라리 ______________.

(4) 가: 조 선생님 전화번호를 알아요? 급하게 연락드릴 일이 있어서요.

나: 나도 몰라요. 이럴 줄 알았으면 ______________.

읽고 쓰기

다음 글을 읽고 질문에 맞는 답을 써 봅시다.

대중문화에 브로맨스 열풍이 불고 있다. 브로맨스란 '브라더'(brother)와 '로맨스'(romance)의 합성어로 남자들의 우정, 동료애, 형제애 등으로 해석할 수 있다. 얼마 전에 인기리에 방영된 드라마에서 직장 상사와 계약직 사원의 뜨거운 연대가 그렇고, 성인 남자 두 명이 시골에 가서 밥을 직접 지어 먹어야 하는 프로그램, 남자 연예인이 실제로 고등학교에 가서 고등학생들과 우정을 나누는 프로그램, 군대에 입소하여 전우애를 다지는 프로그램까지 모두 브로맨스를 다뤄 성공한 것들이다. 최근에는 TV를 넘어 공연계에까지 브로맨스가 스며들고 있다. 파킨슨병 환자 행세를 하는 70세 노인과 17세 소년의 이야기나 시한부 판정을 받은 한 소년과 소년원에서 나온 또 다른 소년의 우정을 그린 영화도 큰 인기를 얻었다.

이러한 사회 현상의 원인은 무엇이라고 생각합니까? 전문가의 의견을 참고하여 자신의 생각을 써 봅시다.

전문가 의견

1. "불안정한 일자리, 연일 터지는 사건 사고 등 불안한 사회 분위기 때문."
2. "지독한 경쟁 사회 속에서 생활의 각박함을 느껴서……."
3. "올 상반기 대중문화 분야의 화두였던 '의리 열풍'의 연장선이다."
4. "이제 대중들이 현실성 없는 멜로 이야기에 싫증을 느끼고 있다."

요즘 남자들의 우정을 소재로 하는 '브로맨스' 프로그램이 인기를 끌고 있다. 이러한 사회 현상의 이유를 전문가들은 ………………………………………………………………. 먹고 살기도 힘든 현실에서 이성 간의 로맨스보다는 함께 위기를 돌파하는 동료애가 더 가슴에 와 닿는다는 이야기이다. 내 생각에는 ……………………………………………………

…………………………………………………………………………………………………….

1과 여론과 대중
2과 전설과 속담
3과 취미와 여가
4과 생태와 환경
5과 현대 사회
6과 한국의 전통
7과 소비와 경제생활
8과 한국의 문학
9과 풍속과 음식
10과 대학 생활

더 배워 봅시다

관용어 1

01 가시방석에 앉다

불안하거나 초조한 느낌이 들다.

예 취업 준비 때문에 친구들을 만나도 즐겁지 않고 **가시방석에 앉은** 기분이었다.
김 대리는 자신의 실수가 드러날까 봐 회의 내내 **가시방석에 앉은** 듯 불안했다고 한다.

02 귀가 솔깃하다

어떤 말을 듣고 마음이 끌리다.

예 한정판이라는 주인의 말에 **귀가 솔깃해서** 충동구매를 해 버렸다.
계명전자에서 출시 예정인 이어폰은 음질 손실이 거의 없다고 알려져 마니아들의 **귀를 솔깃하게** 하고 있다.

03 꼬리에 꼬리를 물다

계속 이어지다.

예 사소한 걱정이 **꼬리에 꼬리를 물어** 한 숨도 못 자고 말았다.
지난 23일 오후에 방송된 드라마 '연출자'에서는 남자 주인공을 중심으로 **꼬리에 꼬리를 무는** 사랑 이야기가 예고됐다.

04 낯(이) 뜨겁다

다른 사람을 보기에 얼굴이 뜨거울 정도로 부끄럽다.

예 인터넷 광고에서 **낯 뜨거운** 사진이 그대로 노출되어 문제가 되고 있다.
비속어를 디자인으로 한 옷들이 많아서 소비자들은 쇼핑하기 **낯 뜨겁다**는 반응을 보이고 있다.

※ 알맞은 말을 넣어 대화를 완성하세요.

(1) 가: 와, 앞에 차 막힌 것 좀 봐. 제시간에 도착하긴 틀린 것 같아.
나: 그러게 말이야. 차들이 ______________________ 있어서 꼼짝할 수 없네.

(2) 가: 어제 면접 봤다면서?
나: 응. 그런데 첫 면접인데다가 사장님과의 면접이라서 ______________________ 것 같았어.

(3) 가: 성교육에 대한 인식은 어떻게 변해가고 있다고 생각하십니까?
나: 성에 대한 얘기를 할 때 ______________________ 학생들이 많은 걸 보면 아직까지는 폐쇄적인 것 같습니다.

(4) 가: 요즘 우엉차를 마시고 효과를 봤다는 분들이 많다니까 ______________________.
나: 네. 다이어트뿐만 아니라 피부 미용, 당뇨병 개선 등 다양한 효능이 있다고 해요.

대학 생활 TIP

노트 필기 잘하는 법 1

• 수업 시간에 노트는 꼭 챙기자

대부분의 학생들은 수업 시간에 책만 가지고 강의실로 가기 일쑤이다. 그러나 책에는 필기할 공간이 부족하므로 각 과목마다 노트 준비는 필수이다. 또한 필기를 할 때는 내용뿐만 아니라 교수님께서 말씀하시는 비유나 예시 등도 적어 두면 좋다. 비유나 예시는 시간이 흐른 다음에도 내용을 좀 더 쉽게 이해할 수 있도록 도움을 준다.

살아있는 한국어 워크북 5

제 2 과

전설과 속담

2 전설과 속담 2-1 아기장수 우투리

어휘

01 빈칸에 알맞은 단어를 골라 쓰십시오.

특정하다	유일하다	안타깝다	닥치다

(1) 오랜 옛날부터 전해 내려오는 이야기에는 전설과 민담이 있다. 전설은 ______________ 시간이나 장소가 배경으로 제시되는 것과 달리 민담은 시간적·공간적 배경이 뚜렷하지 않다.

(2) 견우와 직녀 이야기에서 견우와 직녀는 은하수를 사이에 두고 만나지 못했다. 이를 ______________ 여긴 까치와 까마귀가 1년에 한 번 7월 7일에 다리를 만들어 두 사람을 만나게 한다는 이야기가 전해 온다.

(3) 선녀와 나무꾼 이야기에서 어머니를 그리워하는 나무꾼에게 선녀는 말을 내어 주며 다녀오라고 한다. 그러나 말에서 내리면 다시는 하늘나라로 돌아올 수 없으니 절대로 내리지 말라고 한다. 이것은 나무꾼에게 ______________ 비극적인 운명을 암시한다.

(4) 토끼전을 보면 남해의 용왕이 병에 걸려 죽게 되었다. 병을 낫게 할 ______________ 약은 육지에 사는 토끼의 간뿐이다. 왕을 살리기 위해 육지로 떠난 자라는 높은 벼슬을 주겠다는 말로 토끼를 속여 용궁으로 데려 온다.

02 빈칸에 공통으로 들어갈 단어를 골라 쓰십시오.

간절히	가만히	비극적	딱	비록

(1) • 양심이 있는 사람이라면 저런 나쁜 행동을 ______________ 보고만 있지 않을 것이다.
• 정말 화가 났었는데 집에 돌아와 ______________ 생각해 보니 내 잘못도 있는 것 같다.

(2) • 어느 날 친구는 직장을 그만두고 ________ 일 년만 공부하고 싶다고 했다.

• 어제는 쌀쌀했는데 오늘은 따뜻해서 봄꽃축제 가기에 ________ 좋은 것 같아요.

(3) • 백성들은 힘들게 살아가고 있는 자신들을 구해 줄 영웅을 ________ 기다리고 있었다.

• 영하의 날씨에도 시험장 앞에는 자식의 합격을 위해 ________ 기도하는 어머니들로 북적거렸다.

(4) • 명절을 보내고 집으로 돌아오던 가족이 교통사고로 모두 숨지는 ________ 일이 발생했다.

• 이 영화는 컴퓨터의 아버지로 불렸지만 허무하고 ________ 죽음을 맞은 한 남자의 일생을 다루고 있다.

(5) • 박 선수가 ________ 우승은 못했지만 누구보다 뛰어난 활약을 했다고 사람들은 평가했다.

• ________ 원하는 목표는 달성하지 못했지만 열심히 노력해 준 여러분들에게 감사하다는 말을 하고 싶습니다.

03 빈칸에 알맞은 단어를 모두 골라 쓰십시오.

(1)

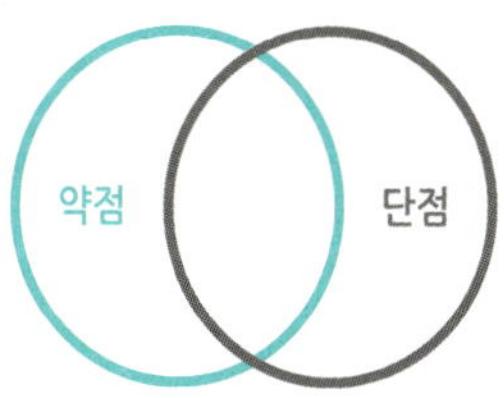

• 그는 선거에서 이기기 위해 상대방의 ________을 공격했다.

• 저의 가장 큰 ________은 경험이 부족하다는 것입니다.

• 이 차는 연료비가 많이 든다는 ________ 때문에 잘 팔리지 않았다.

(2)

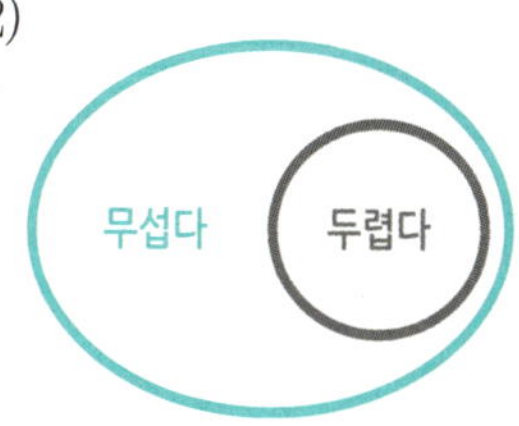

• 비가 ________ 내리더니 결국 강물이 넘쳤다.

• 마을 사람들은 총을 든 군인이 ________ 고개를 들지 못했다.

• 젊었을 때는 ________ 것이 없었는데 나이를 먹으니 겁이 많아졌다.

(3) 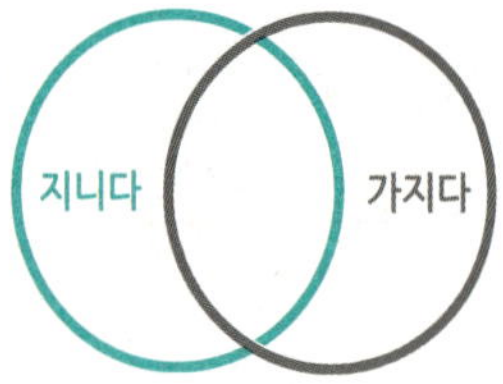

- 마음에 드는 것이 있으면 아무거나 하나 ____________.
- 나는 어머니가 준 목걸이를 늘 ____________ 다닌다.
- 그는 첫사랑의 추억을 평생 동안 가슴속에 ____________ 살았다.

04 빈칸에 알맞은 단어를 골라 쓰십시오.

범상하다	염원하다	얽히다	매달리다	깃들다

(1) 중요하게 여길 만하지 않다.

➜ 유난히 번쩍이는 눈빛을 보면 그는 ____________ 사람은 아닌 것 같다.

(2) 생각이나 감정, 노력 등이 스미다.

➜ 어머니의 정성이 ____________ 스웨터를 입으면 마음이 훈훈해진다.

(3) 이리저리 관련이 되다.

➜ 여러 가지 생각이 ____________ 밤새 고민하느라 한숨도 못 잤다.

(4) 마음에 간절히 생각하고 기원하다.

➜ 가족을 북한에 두고 오신 할아버지는 하루 빨리 통일이 되기를 ____________ 계십니다.

(5) 어떤 일에 관계하여 거기에만 몸과 마음이 쏠려 있다.

➜ 외삼촌은 힘들어도 한눈팔지 않고 오직 한복 만드는 일에만 ____________ 왔기에 모두가 인정하는 한복 전문가가 될 수 있었다.

문법 및 표현

A/V-듯(이)

01 '-듯(이)'를 사용하여 대화를 완성하십시오.

(1) 가: 이게 토르티야지요? 멕시코 사람들은 이걸 자주 먹나요?

나: 네. 한국 사람들이 ________________ 멕시코 사람들은 매일 토르티야를 먹어요.

(2) 가: 어제 상우 씨와 연날리기를 했다면서요? 재미있었어요?

나: 정말 재미있었어요. 새가 ________________ 연이 하늘 높이 날아오르는 모습이 정말 멋있었어요.

(3) 가: 저 배우 좀 봐. 평생 아름다울 줄 알았는데 나이를 먹으면 어쩔 수 없나 봐.

나: 그럼. 꽃이 ________________ 외모의 아름다움도 영원한 것이 아니잖아.

(4) 가: 오늘 여러 나라의 결혼 풍습에 대해 공부했는데요. 이 수업을 통해 알게 된 게 있으면 이야기해 볼까요?

나: 사람마다 ________________ 나라마다 풍습이 다르다는 것을 알게 되었어요.

02 알맞은 표현을 골라 '-듯(이)'를 사용하여 대화를 완성하십시오.

비 온 뒤에 땅이 굳어진다
가지 많은 나무에 바람 잘 날 없다
열 손가락 깨물어 안 아픈 손가락 없다

(1) 가: 저 선수는 부상으로 반 년이나 출전하지 못 했는데도 정말 잘하네. 벌써 두 골이나 넣었어.

나: ________________ 힘든 일을 겪고 나서 더 강해진 거지.

1과 여론과 대중
2과 전설과 속담
3과 취미와 여가
4과 생태와 환경
5과 현대 사회
6과 한국의 전통
7과 소비와 경제생활
8과 한국의 문학
9과 풍속과 음식
10과 대학 생활

(2) 가: 사실 아버지가 오빠만 좋아한다고 생각했었어요. 그런데 저 때문에 우는 아버지를 보고 그런 생각을 했던 제 자신이 부끄러워졌어요.

나: ______________________________ 부모에게 자식은 똑같이 사랑스러워요.

(3) 가: 취직한 큰 딸이 힘들지 않을까 걱정하시더니, 이번엔 유학 간 작은 딸이 아프지 않을까 걱정이세요?

나: ______________________________ 아이가 많으면 걱정도 많아요. 그렇지만 아이가 많은 만큼 행복도 크답니다.

A/V-(으)ㄴ 나머지

03 관계있는 것을 연결하고 '-(으)ㄴ 나머지'를 사용하여 대화를 완성하십시오.

열중하다 •	• 배고픈 것도 잊어버리다
너무 긴장하다 •	• 차 안에서 잠이 들다
너무 피곤하다 •	• 상대팀 선수를 발로 차다
너무 화가 나다 •	• 갑자기 무리하게 운동을 하다
의욕이 앞서다 •	• 이름을 말하는 것을 잊어버리다

(1) 가: 어제 면접은 어땠어? 실수한 건 없어?

나: ______________________________.

(2) 가: 저 선수는 경기 중에 왜 퇴장을 당한 거야?

나: ______________________________.

(3) 가: 체육관에 간다더니 팔은 어쩌다가 다쳤어?

나: ______________________________.

(4) 가: 상우 씨는 아까 주차장에 도착했다면서 왜 이제 오는 거래요?

나: ______________________________.

(5) 가: 시간이 이렇게 늦었는데 지금까지 밥도 안 먹고 책만 읽었어요?

나: ______________________________.

N(으)로 말미암아

04 '(으)로 말미암아'를 사용하여 문단을 완성하십시오.

(1) **1인 가구 증가, 사과 · 배 등 인기 하락**

사과, 배 등 국산 대표 과일의 가격이 최근 1년 새 큰 폭으로 떨어졌다. 사과 한 상자의 가격은 1년 전보다 28%, 배 한 상자의 가격은 1년 전보다 10% 가량 내렸다. 가격 하락의 원인은 ______________________________ 크기가 작은 과일의 선호도가 높아진 데다가 수입 과일이 많아졌기 때문인 것으로 분석된다.

(2) **산불, 강풍으로 진화 어려움**

인주시의 한 야산에서 원인을 알 수 없는 불이 났다. 소방차 20대, 소방관 100여 명이 진화 작업을 벌였지만______________________________.
이에 인주시는 주민들을 안전한 곳으로 대피시켰다.

(3) **짙은 안개, 환자 수송 헬기 추락**

헬기가 추락하는 사고가 발생했다. 사고가 난 헬기는 오지의 응급 환자를 병원으로 수송하기 위해 야간 비행을 시도하였다. 그러나______________________________.

(4) **관광객 안내 못하는 엉터리 표지판**

지난해 한국을 찾은 관광객 중 70% 이상은 지도와 안내 표지판으로 직접 길을 찾는 자유여행객이었다. 그렇다면 외국인들은 우리나라 안내 표지판을 보고 원하는 장소를 제대로 찾을 수 있을까? 조사 결과______________________________
것으로 나타났다.

읽고 쓰기

다음 표를 참고하여 글을 완성해 봅시다.

분류	지명	전설
1. 역사적 사건 관련 지명	대구시 팔공산	고려 건국 과정에서 전쟁 중 공신 8명이 죽음
	부여군 조룡대	백제군이 신라군과의 싸움에서 패하고 결국 백제가 멸망하게 됨
2. 동물 관련 지명	천안시 개목고개	술에 취해 잠든 주인 주위에 불이 나자 개가 자기 몸에 물을 적셔 불을 끄고 주인을 살림
	서산군 말무덤	말이 전쟁에서 죽은 주인의 옷을 주인의 고향까지 물고 와서 죽음
3. 지형 관련 지명	진안군 마이산	산봉우리가 말의 귀를 닮았음
	안동시 하회마을	마을 주위를 흐르는 강의 모양이 '회(回)'자와 비슷함

지명이란 지역의 이름이다. 왜 그 이름을 갖게 되었는지 그 유래에 관한 이야기가 바로 지명 전설이다. 유래의 종류에 따라 지명 전설은 크게 세 가지로 나눌 수 있다.

첫째, 역사적인 사건과 관련된 전설이다. 대구시에 있는 팔공산의 이름은 고려 건국 과정에서 있었던 공신 8명의 죽음과 관련이 있다. 충청남도 부여군 백마강에 있는 조룡대는 백제의 멸망이라는 역사적인 사건으로 인해 생긴 지명이다. 이러한 사건들은 그 지명 덕분에 오랫동안 사람들의 기억 속에 남아있게 된다.

둘째, ...

....

....

이 곳의 지명에는 동물의 행동에서 교훈을 얻으려는 의미가 담겨 있다.

셋째, ...

....

....

지명 전설은 그 지역의 역사이다. 따라서 그 의미를 알게 되면 지금까지 무관심했던 자기 지역에 관심과 애정이 생길 것이다. 따라서 숨겨져 있는 지명 전설의 발굴은 우리의 유산을 되찾는 의미 있는 일이 될 것이다.

2-2 말의 유래 전설과 속담 2

어휘

01 빈칸에 알맞은 단어를 골라 쓰십시오.

상황	반영되다	유래	하필	흔히

병원의 실수로 아이가 바뀐 사실을 20년이 지난 후에야 알게 되었다는 기사를 읽은 적이 있다. 이런 당황스러운 (1)__________을/를 가리키는 표현이 바로 '어처구니없다'이다. '어처구니없다'는 말의 (2)__________에 대해 여러 가지 이야기가 있지만 많은 사람들은 맷돌의 손잡이인 '어처구니'에서 그 말이 생겼다고 말한다. 맷돌은 곡식을 갈 때 사용하는 기구로 예전에는 집에서 (3)__________ 볼 수 있는 물건이었다. 맷돌로 콩을 갈아 두부를 만들려고 하는데 (4)__________ 그때 손잡이가 없으면 얼마나 당황스러울까? 그래서 '어처구니없다'는 말은 '일이 너무 뜻밖이어서 기가 막히다, 당황스럽다'는 의미로 사용된다. 이렇듯 말에는 그 사회의 문화가 (5)__________ 있다.

02 빈칸에 공통으로 들어갈 단어를 골라 쓰십시오.

차다	치다	쏘다	부리다	가리키다

(1) • 화가 난 아내는 남편을 __________ 보았다.
• 왕은 달리는 말 위에서 화살을 __________ 호랑이를 잡았다.

(2) • 김 대리는 회의 시간 내내 손목에 __________ 시계를 계속 들여다보고 있었다.
• 지하철은 퇴근하는 직장인들로 가득 __________ 발 디딜 틈이 없었다.

(3) • 어머니는 햇빛을 가리기 위해 창문에 커튼을 ______________.

• 연주가 끝나자 관객들이 모두 일어서서 박수를 ______________ 시작했다.

(4) • 아이가 갑자기 집에 가지 않겠다고 고집을 ______________ 아이의 부모는 난처했다.

• 일을 안 하려고 꾀를 ______________ 사람과 같이 일하는 것은 누구나 꺼린다.

(5) • 나침반은 언제나 일정한 방향을 ______________ 자석의 원리를 이용하여 만든 것이다.

• 사람들은 그 아이를 ______________ 천재라고 했지만 부모는 그저 평범한 아이일 뿐이라고 했다.

03 빈칸에 알맞은 단어를 모두 골라 쓰십시오.

동의하다	맞장구치다

(1) 이 제안에 ______________ 분들은 손을 들어 주십시오.

(2) 반장으로 상우를 추천한다는 내 의견에 모두 ______________.

(3) 다른 사람의 이야기를 들어줄 때는 적절히 ______________ 주는 것이 필요하다.

급하다	성급하다

(4) 마음은 ______________ 일이 빨리 되지 않아 답답하다.

(5) 이 식당에서는 일할 아주머니를 ______________ 구한다.

(6) 너무 ______________ 결정하지 말고 시간을 가지고 천천히 생각하세요.

재빨리	얼른

(7) 식기 전에 ______________ 드세요.

(8) 도둑은 경찰을 피해 ______________ 달아났다.

(9) 부모님이 오신다는 전화에 지저분한 방을 ______________ 치웠다.

04 관계있는 것끼리 연결하십시오.

(1) 등잔 밑이 어둡다 •	① 아무리 잘하는 사람도 실수할 때가 있다
(2) 남의 떡이 커 보인다 •	② 가까이 있는 사람이 오히려 더 모를 수 있다
(3) 소 잃고 외양간 고친다 •	③ 일이 이미 잘못된 뒤에는 손을 써도 소용이 없다
(4) 원숭이도 나무에서 떨어진다 •	④ 자기의 것보다 다른 사람의 것이 더 좋아 보인다
(5) 개구리 올챙이 적 생각 못한다 •	⑤ 예전에 비해 형편이 좋아진 사람이 과거를 기억하지 못하고 처음부터 잘난 듯이 뽐낸다

05 알맞은 속담을 넣어 대화를 완성하십시오.

(1) 가: 뭘 먹을까 한참 고민해서 메뉴를 정하는데도 항상 친구가 먹는 게 더 맛있어 보여.
나: 나도 그래. 원래 ________________ 법이야.

(2) 가: 상우 씨가 웬일이에요? 약속을 잊어버리다니.
나: ________________ 하잖아요. 완벽해 보이는 상우 씨가 실수를 하니까 오히려 인간적으로 보여서 더 좋은데요.

(3) 가: 손님들이 낸 밥값을 몰래 빼돌린 종업원이 잡혔대. 3년 동안 그랬다는데 어떻게 주인은 몰랐을까?
나: 그러니까 ________________ 하잖아.

(4) 가: 지난주에 있었던 화재 사건 때문에 앞으로 화재 예방 교육을 강화하기로 했대요. 매월 첫 번째 화요일에 예방 교육을 할 거래요.
나: ________________. 화재가 나기 전에 이런 교육을 했더라면 더 좋았을 텐데요.

(5) 가: 운전도 못하면서 왜 차를 몰고 나온 거야? 이러다가 늦겠어.
나: 시간 충분하니까 걱정하지 마. 그리고 ________________ 하더니 너 처음 운전했을 때 기억 안 나?

문법 및 표현

A/V-게 마련이다

01 '-게 마련이다'를 사용하여 문장을 완성하십시오.

(1) 가: 여기 좀 보세요. 나무에 새순이 돋았어요. 올해는 너무 추워서 겨울이 끝나지 않을 것 같더니 벌써 봄이 왔나 봐요.
나: 그럼요. 겨울이 춥다고 봄이 안 오겠어요?

➜ 겨울이 아무리 추워도 ______________________.

(2) 가: 아이가 외모만 저를 닮은 줄 알았는데 행동이며 습관까지 똑같이 하는 걸 보고 좀 놀랐어요.
나: 그래서 아이는 부모의 거울이라고 하잖아요. 아이의 잘못된 행동을 나무라기 전에 먼저 내가 잘못된 행동을 하지 않았는지 돌아보게 되더라구요.

➜ ______________________.

(3) 가: 상우 씨는 나와 생각이 너무 다른 것 같아. 하는 일마다 의견이 다르니까 너무 힘들어.
나: 사람마다 생각이 다른 건 당연한 거 아니니? 항상 너와 같은 의견을 가진 사람과 일을 할 수는 없어. 대화로 그 차이를 줄여가는 게 중요한 거지.

➜ ______________________.

(4) 가: 저는 왜 이렇게 결단력이 없는지 모르겠어요. 게다가 소심하고요. 저는 제 성격이 정말 마음에 들지 않아요.
나: 대신 소영씨는 섬세하고 다른 사람을 잘 배려하잖아요. 원래 장점이 많은 사람은 그만큼 단점도 많은 법이에요.

➜ ______________________.

A/V-(으)ㄴ/는 탓에

02 기사를 읽고 '-(으)ㄴ/는 탓에'를 사용하여 대화를 완성하십시오.

(1)

수입차만 보면 '울렁'

운전자들이 도로에서 가장 두려워하는 존재는 고가의 수입차이다. 수리비가 국산차보다 평균 3배 가량 비싸 사고가 나면 국산차 쪽에서 비싼 대가를 치러야 하기 때문이다. 경우에 따라서는 '억' 소리 나는 수리비를 부담해야 하는 국산차 운전자들은 수입차는 무조건 피하는 게 상책이라고 여긴다.

가: 예전에는 대형 트럭이 지나갈 때 긴장을 했는데 요즘은 수입차가 제 차 근처에 있으면 긴장하게 돼요.

나: 저도 그래요. ______________________________.

(2)

서울 낮 최고 16도, 일교차 커 감기 조심

따뜻한 바람에 기분까지 상쾌해지는 봄이 찾아왔다. 날씨가 좋아지면서 야외 활동을 하는 사람들이 많아졌지만 큰 일교차로 몸의 적응력이 떨어지는 환절기에는 몸이 계절의 변화에 적응하지 못해 각종 질환에 걸리기 쉽다.

가: 낮에 따뜻해서 옷을 얇게 입고 나왔는데 저녁이 되니까 꽤 쌀쌀하네요.

나: 요즘 같은 환절기에는 따뜻하게 입어야 해요. ______________________________

______________________________.

(3)

금연 결심 망치는 최대의 적은 '술자리'

금연의 결심이 깨지는 결정적인 계기가 바로 술자리이다. 술을 마시면 이성적인 판단을 담당하는 뇌의 전두엽 부위가 마비되면서 자제력이 떨어지기 때문이다. 그러므로 금연을 시작한 첫 한 달간은 아예 술자리에 가지 않는 것이 좋다.

가: 올해는 정말 담배를 끊어야겠어. 그런데 나는 술자리에만 가면 다시 담배를 피우게 되는데 왜 그런지 모르겠어.

나: 그러니까 담배를 끊으려면 술자리에 아예 안 가는 게 좋아. 술을 마시면 ______________

______________________________.

(4)

귀 어두운 10대들, 이어폰의 습격

길거리, 지하철, 공원에서 이어폰을 귀에다 꽂고 음악을 듣는 사람들을 쉽게 볼 수 있다. 특히 청소년들은 대부분 볼륨을 높여서 음악을 듣는다. 버스나 지하철에서 이어폰을 끼고 음악을 듣는 청소년 옆에 있으면 음악 소리가 너무 커서 무슨 음악을 듣는지 알 수 있을 정도이다. 이러한 청소년들 중에 청력 이상을 호소하는 경우가 크게 늘고 있다고 한다.

가: 요즘 귀가 먹었다거나 귀에서 이상한 소리가 들린다며 병원을 찾는 10대 환자들이 꾸준히 늘고 있대.

나: 그건 ______________________________.

V-는 사이(에)

03 '–는 사이에'를 사용하여 대화를 완성하십시오.

(1) 가: 내가 ______________ 혹시 연락 온 거 없어요?

나: 서울무역 권기현 사장님께서 전화하셨습니다. 다시 전화하겠다고 말씀하셨습니다.

(2) 가: 설거지할 게 많았는데 언제 다 했어요? 이따가 도와주려고 했는데요.

나: 당신이 손님들과 ______________ 했어요. 그릇이 몇 개 안 돼서 금방 했어요.

(3) 가: 오늘 밥값도 상우 씨가 계산을 했대요.

나: 이번에는 내가 사려고 했는데 ______________ 상우 씨가 벌써 계산을 했더라고요.

(4) 가: 강아지를 잃어버렸다면서요? 어떡하다가 잃어버린 거예요?

나: 강아지를 운동시키려고 공원에 갔다가 친구를 만났거든요. 잠깐 ______________ 사라져 버렸어요.

읽고 쓰기

다음을 참고하여 말의 의미와 유래를 설명하는 글을 써 봅시다.

(1) 꿩 대신 닭
• 의미: 적당한 것이 없을 때 그와 비슷한 것으로 대신하다.
• 유래: 예전에는 설날에 떡국을 끓일 때 반드시 꿩고기를 넣어서 끓였다. 그러나 꿩을 구하기가 어려워지자 일반 가정에서는 집에서 기르던 닭을 잡아 대신 떡국에 넣는 경우가 많았다.

(2) 고명딸
• 의미: 아들 많은 집의 외딸
• 유래: 고명은 음식을 먹음직스럽게 보이도록 하기 위해서 음식 위에 뿌리는 것을 말한다. 고명이 보기 좋게 얹혀 있는 음식이 먹는 사람에 대한 존중과 배려를 표현하는 것처럼 고명딸은 아들이 많은 집에서 딸이 귀여움을 받으며 성장하는 데에서 유래한다.

(3) 개밥에 도토리
• 의미: 따돌림을 받아서 사람들 사이에 끼지 못하는 사람
• 유래: 개는 도토리를 먹지 않기 때문에 밥 속에 섞여 있으면 도토리만 남긴다.

(1) '꿩 대신 닭'은 ....는 경우를 비유적으로 이르는 말이다. 예전에는 설날에 떡국을 끓일 때 반드시 꿩고기를 넣어서 끓였다. 그러나 .... '꿩 대신 닭'이라는 말은 여기에서 유래한 것이다.

(2) '고명딸'은 ....을 가리키는 말이다. 원래 고명은 .... 그래서 '고명딸'은 아들이 많은 집에서 귀여움을 받는 귀하고 소중한 하나뿐인 딸을 의미하는 말이 되었다.

(3) '개밥에 도토리'는 .... 사람을 비유적으로 이르는 말이다. ....
....
예를 들어 .... 사람을 '개밥에 도토리'라고 한다.

더 배워 봅시다

관용어 2

01 눈에 불을 켜다

몹시 욕심을 내거나 관심을 갖다. 화가 나서 눈을 크게 뜨다.

예 친구는 학비를 벌기 위해 **눈에 불을 켜고** 일을 했다.
어제 늦게 들어갔더니 아버지께서 **눈에 불을 켜고** 기다리고 계셨어요.

02 등을 돌리다

뜻을 같이하던 사람 또는 단체와 관계를 끊고 거부하다.

예 그는 오랫동안 함께한 동료들에게 **등을 돌릴 수** 없어 좋은 조건으로 이직할 수 있는 기회를 포기했다.
누군가 나의 도움을 필요로 하는 사람이 있을 때 모르는 척하고 **등을 돌려서는** 안 된다고 생각해요.

03 몸 둘 바를 모르다

매우 부끄럽거나 미안해서 어떻게 해야 할지 모르다.

예 제 블로그를 이렇게나 많이 칭찬해 주시니 **몸 둘 바를 모르겠습니다**.
배우 한빈은 훈련소에 입소하기 전 팬들의 사랑과 관심에 **몸 둘 바를 모르겠다고** 얘기했다.

04 발뺌(을) 하다

자기가 관계된 일에 책임을 지지 않고 빠지다.

예 범인은 자신의 잘못을 인정하지 않고 끝까지 **발뺌했다**.
푸푸회사의 불량 압력밥솥을 두고 제조사 측 AS기사가 소비자 탓이라며 **발뺌해** 누리꾼들의 원성을 샀다.

※ 알맞은 말을 넣어 대화를 완성하세요.

(1) 인기 드라마 '사랑'에 출연 중인 배우 정동민 씨가 오늘 아침 음주운전 혐의로 체포됐다. 이 사건이 보도되자 그를 후원하던 기업들도 ______________________ 팬들 또한 실망감을 감추지 못하고 있다.

(2) 가: 중고 노트북 살 거라더니 좀 알아봤어?
나: 며칠 동안 ______________________ 찾아봤는데 딱히 마음에 드는 게 없네.

(3) 가: 정말 김 대리가 이 과장님이랑 사귀는 거 맞아요?
나: 데이트하는 걸 본 사람이 있대요. 그런데도 두 사람은 아니라고 ______________________.

(4) 가: 권 셰프님이 올해의 요리사로 선정되셨는데요. 소감 한 말씀 부탁드립니다.
나: 저보다 뛰어나신 분들도 많은데 제가 뽑히게 되어 ______________________. 앞으로 더 맛있는 요리로 여러분들을 찾아가겠습니다.

대학 생활 TIP

노트 필기 잘하는 법 2

메모지를 이용하라

메모지를 이용해 노트에 표시를 해 두면 나중에 찾아보기가 쉬워진다. 메모지에 자주 실수하는 부분이나 이해가 안 되는 부분을 기록하여 공책에 붙여 두는 것이다. 그렇게 하면 반복 학습을 하는 데 시간을 아낄 수 있고 효율적으로 공부할 수 있다.

살아있는 한국어 워크북 5

제 3 과

취미와 여가

3-1 취미 생활

어휘

문법 및 표현
· N(이)라고는
· A/V-아/어서인지
· A/V-다고해서
· V-(으)ㄴ/는 셈 치다

읽고 쓰기

3-2 여가 생활

어휘

문법 및 표현
· N에 관해(서)
· 뭐니 뭐니 해도
· V-는다거나
· V-(으)ㄹ 만하다

읽고 쓰기

더 배워 봅시다

관용어 3

3 취미와 여가

3-1 취미 생활

어휘

01 빈칸에 알맞은 단어를 골라 쓰십시오.

미신	점괘	점	근거	굿

점이나 굿과 같은 것을 비과학적이고 비합리적인 (1)____________(이)라며 부정적으로 생각하는 사람들이 많다. 중요한 일을 앞두고 운을 미리 알아보기 위해서 (2)____________을/를 보러 갔는데 안 좋은 (3)____________이/가 나왔다고 해서 실망하는 것은 어리석은 일이다. 아픈 사람을 병원이 아니라 무당에게 데리고 가서 (4)____________을/를 하는 것도 과학적 (5)____________이/가 없기는 마찬가지이다. 그러나 좋은 이야기를 들으면 희망이 생길 수 있고, 나쁜 일이 생긴다는 이야기를 들으면 미리 조심해서 행동하면 되니까 오히려 긍정적인 힘을 얻을 수도 있다고 생각한다.

02 빈칸에 공통으로 들어갈 단어를 골라 쓰십시오.

적응되다	무기력하다	벗어나다	의지하다	불확실하다	그럴듯하다

(1) • 친구는 신혼집을 신경 써서 ____________ 꾸며 놓았다.
• 민호 씨는 거짓말을 잘하니까 아무리 ____________ 말이라도 쉽게 믿으면 안 돼요.

(2) • 입사하고 처음 몇 달간은 무척 힘들었지만 이젠 ____________ 괜찮다.
• 한국에 돌아온 직후에는 한국의 기후에 ____________ 않아서 힘들었다.

(3) • 복잡한 도심을 ____________ 시골에 오니까 답답하던 마음이 시원해졌어요.
• 오늘 경기 결과는 나의 예상을 완전히 ____________ 것이었다.

(4) • 이 사업이 과연 성공할 수 있을지 ____________.
• 주변이 너무 시끄러워서 친구의 전화 목소리가 ____________ 들렸다.

(5) • 다리를 다친 친구는 목발에 몸을 ____________ 채 천천히 걸었다.
• 지금까지 부모님께 ____________ 살았으니까 이제 직장을 구하면 독립해야지.

(6) • 친구는 회사에서 해고되자 충격을 받아서 ____________ 상태가 되었다.
• 나는 방학동안 아무것도 하지 않고 빈둥거리며 ____________ 보냈다.

03 빈칸에 알맞은 단어를 골라 쓰십시오.

별나다	취득하다	짜릿하다	연마하다	몰두하다	공감하다

(1) 두드러지게 특이하거나 이상하다.
➜ 언니는 조카가 행동이 ____________ 키우기가 보통 힘든 게 아니라고 한다.

(2) 조금 저린 듯하다. 심리적 자극을 받아 마음이 순간적으로 조금 흥분되고 떨리는 듯하다.
➜ 번지점프를 하기 전에는 두려웠는데 막상 해 보니까 ____________.

(3) 몸, 마음, 지식, 기술 등을 힘써 다스리거나 익히다.
➜ 선생님께서는 훌륭한 사람이 되려면 먼저 인격을 ____________ 한다고 말씀하셨다.

(4) 다른 사람의 마음이나 생각에 대해 자신도 그렇다고 똑같이 느끼다.
➜ 상대의 말에 ____________ 고개를 가볍게 끄덕이는 것이 좋다.

(5) 물건이나 자격 등을 자신의 것으로 만들어 가지다.
➜ 동생은 외국에서 대학원을 졸업하여 석사 학위를 ____________.

(6) 다른 일에 관심을 가지지 않고 한 가지 일에만 집중하다.
➜ 김 교수님은 평생을 한글 연구에 ____________ 큰 업적을 남기셨다.

문법 및 표현

N(이)라고는

01 '-(이)라고는'을 사용하여 비슷한 문장으로 바꾸십시오.

(1) 동생은 주말이 되면 종일 게임만 한다.
➜ 동생이 주말에 하는 일이라고는 게임밖에 없다.

(2) 냉장고가 텅텅 비어서 먹을 게 없다.
➜ 냉장고에 ________________ 아무 것도 없다.

(3) 그 사람에 대해서는 이름만 알고 있다.
➜ 그 사람에 대해 ________________ 이름뿐이다.

(4) 지난달에는 바빠서 책을 한 권밖에 못 읽었다.
➜ 지난달에는 바빠서 ________________ 한 권뿐이다.

A/V-아/어서인지

02 '-아/어서인지'를 사용하여 대화를 완성하십시오.

현상	추측 이유
금연 인구가 늘다	열대야가 계속되다
서민 생활이 어려워지다	여가 시간이 늘어나다
밤잠을 설치다	물가가 상승하다
취미 활동이 다양해지다	담뱃값이 인상되다
병원을 찾는 환자가 늘고 있다	(　　　　　　)

(1) 가: 요즘 주변에서 담배 피우는 사람을 보기가 쉽지 않네.
나: 맞아. 담뱃값이 인상되어서인지 금연하는 사람이 늘었어.

(2) 가: 뉴스를 보니까 소득이 낮은 서민들의 생활이 어려워지고 있대.
나: ______________________________.

(3) 가: 늦은 시간인데 공원에 사람들이 많네. 밤잠을 설치는 사람들이 많은가 봐.
나: ______________________________.

(4) 가: 이제 사람들의 취미도 독서나 음악 감상 등에서 벗어나서 다양해지고 있어.
나: ______________________________.

(5) 가: 요즘 마음의 병 때문에 병원을 찾는 환자들이 늘고 있다는데 이유가 뭘까?
나: ______________________________.

A/V-다고 해서

03 '-다고 해서'를 사용하여 문장을 완성하십시오.

(1) '백화점=고급 제품, 대형 마트=실속 제품'의 공식이 깨지고 있다. 대형 마트에서 백화점은 물론 호텔보다 비싼 한우 세트를 내놓는가 하면, 할인이 드문 편의점에서 대형 마트보다 저렴한 공산품 세트를 선보였다. 소셜커머스와 온라인몰 등이 경쟁에 가세하면서 같은 생활용품 세트라도 어디에서 구입하느냐에 따라 값이 달라지기도 한다.

소영: 대형 마트에서 판다고 해서 모두 싼 것은 아니구나. 백화점이나 편의점에서도 선물 세트를 싸게 살 수 있겠어.

(2) 유통기한이 지나도 먹을 수 있는 음식이 있다. 우유는 개봉하지 않고 냉장고에 보관하면 제조 후 45일까지 마실 수 있다. 시리얼은 밀봉만 잘하면 최대 3개월까지 먹을 수 있고, 빵도 냉장고에 넣어 두면 2주까지도 먹을 수 있다. 하지만 매일 엄청난 양의 음식들이 유통기한이 지났다는 이유로 버려지고 있다.

상우: ______________________ 음식을 못 먹는 게 아니구나. 우유나 시리얼 같은 것은 보관만 잘하면 오래 두고 먹을 수 있겠어.

(3) 인터넷에서 진짜 '맛집'을 찾기가 힘들어지고 있다. 대가를 받고 블로그에 사진을 올리거나 댓글을 다는 활동은 늘어나는 반면 음식 맛이나 서비스에 불만을 제기하는 글은 삭제되고 있기 때문이다. 따라서 인터넷만 믿고 무작정 맛집을 찾아갔다가는 '맛없는 집'을 경험하게 될 수도 있다는 말이다.

크리스: ______________________ 다 맛있는 집이 아니구나. 인터넷만 믿고 찾아갔다가는 실망할 수도 있겠어.

(4) 고객에게 혜택을 주겠다고 도입한 마일리지와 포인트를 줄이거나 없애는 기업들이 늘고 있다. 기업으로서는 고객들이 쌓아 놓은 마일리지와 포인트를 가능하면 쓰지 않도록 유도한다. 유효기간이 지나 자동으로 없어지면 이익이 늘어나기 때문이다. 이렇게 되자 혜택을 받기 위해 특정 회사를 계속 이용해 온 고객들은 배신감마저 느끼고 있다.

실비아: ______________________ 좋은 게 아니구나. 쌓아 놓은 마일리지나 포인트가 혜택을 받기 전에 사라질 수도 있겠어.

(5) 복권에 당첨된 사람들의 사연을 보면 모두 행복한 것은 아니라는 사실을 알 수 있다. 성실하게 일하던 중국집 배달원 김 씨는 복권 1등에 당첨되어 19억 원을 손에 쥐고 떠났다. 그러나 1년이 지난 어느 날 그가 다시 모습을 드러낸 곳은 뜻밖에도 경찰서였다. 자신의 돈 1억 원을 아내가 몰래 썼다는 이유로 아내를 폭행했기 때문이다.

정수: ______________________ 모두 행복하게 사는 건 아니구나. 갑자기 생긴 돈 때문에 불행해지는 사람도 있는 걸 보면 말이야.

V-(으)ㄴ/는 셈 치다

04 '-(으)ㄴ/는 셈 치다'를 사용하여 대화를 완성하십시오.

(1) 가: 소영 씨, 미안해요. 생일 선물을 준비했는데 오다가 떨어뜨려서 깨졌어요.

나: 괜찮아요. 받은 셈 칠게요.

(2) 가: 요즘 되는 일이 하나도 없어. 시험도 망치고, 여자 친구와도 헤어지고. 어젠 가방까지 잃어버렸다니까.

나: 뭐가 잘 안 풀리네. 나랑 ______________________ 점이나 보러 갈까?

(3) 가: ____________________________ 아버지 사무실에 나와서 좀 도와라. 요즘 일이 많은데 일손이 부족하구나.

나: 좋아요, 아버지. 그런데 시간당 얼마로 계산해 주실 거예요?

(4) 가: 친구한테 돈을 좀 빌려 줬는데 두 달이 지나도록 연락이 없어. 처음엔 일주일 후에 갚겠다고 약속했었는데 말이야.

나: 그 친구한테도 무슨 사정이 있겠지. 그 돈을 ______________________ 그냥 잊어버리는 게 어때?

05 알맞은 표현을 골라 문장을 완성하십시오.

-(으)ㄴ/는 셈 치다	-(으)ㄴ/는 셈이다	-(으)ㄹ 셈이다

(1) 1점 차이로 아깝게 진 우리 팀 선수들에게

➔ 그래도 상대팀이 우승 후보인데 이 정도 했으면 정말 __________________.

(2) 공부는 안하고 만화책만 보는 고3 아들에게

➔ 너 그렇게 해서 대학교는 어떻게 __________________?

(3) 시장에서 물건 값을 흥정하는 손님에게

➔ 우리 집이 제일 싸요. 이 정도면 공짜로 __________________.

(4) 매번 시험에 떨어져서 걱정하는 친구에게

➔ 친구도 __________________ 당분간 아무도 만나지 마. 일단 공부에만 전념하는 게 좋겠어.

(5) 회의가 길어져서 약속에 늦을 것 같다는 친구에게

➔ 걱정 마. 너 올 때까지 커피숍에서 책이나 __________________.

읽고 쓰기

다음 글을 읽고 질문에 맞는 답을 써 봅시다.

디지털 시대에 ____________㉠____________

직장인 정수진(24·여) 씨는 시간이 날 때마다 종이 도안을 접어 실내 장식품을 만든다. '손을 사용해 직접 만드는 즐거움이 있고, 친구들에게 선물할 수도 있으니 일석이조'라는 것이 그 이유이다. 미니어처로 된 인형 집을 만드는 것이 취미인 김소영(25·여) 씨는 '성취감이 크고 야외 활동에 비해 저렴하게 즐길 수 있다는 게 장점'이라고 말했다. 서점가에서는 어른들을 위한 색칠 놀이인 '컬러링북'이 베스트셀러가 되기도 했다. 검은색으로 된 밑그림에 색을 채워 넣도록 되어 있는 이 책은 밑그림이 세밀해서 어린이용으로는 적합하지 않다고 한다. 이처럼 아날로그적인 취미가 유행하는 사회 현상에 대해서 전문가들은 ____________㉡____________.

(1) ㉠에 알맞은 기사 제목을 써 봅시다.

(2) 위의 글을 참고하여 '컬러링북'의 장점을 써 봅시다.

- 단순하지만 집중력이 요구되는 색칠을 통해 ....
- 어린 시절에 대한 향수를 느낄 수 있고, ... 재미를 느낄 수 있다.
- 다른 취미에 비해 돈이 적게 들고, 그림을 완성했을 때 ....

(3) ㉡에 들어갈 전문가의 의견은 무엇이라고 생각합니까?

과거에는 어른과 아이의 행동을 연령에 따라 규정지었다면 지금은 .... 사회로 변화하고 있다. 사회생활에서 받은 스트레스를 이러한 단순한 놀이를 통해 .... 욕구가 있는 것 같다.

(4) 이러한 현상의 부정적인 점은 무엇이라고 생각합니까?

다른 사람들과 같이 어울리는 게 아니라 .... 것은 다시 생각해 봐야 할 점이다.

3-2 여가 생활 취미와 여가 3

• 어휘

01 빈칸에 알맞은 표현을 골라 쓰십시오.

탁 트이다 흥을 돋우다 간식을 마련하다 막대를 흔들다 로고가 찍히다

지난 주말에 나는 한국 친구를 따라 처음으로 야구장에 갔다. 친구는 나를 보자마자 응원하면서 먹을 (1)________________ 왔다며 치킨과 맥주를 보여 주었다. 나는 한국 사람들의 치맥 사랑이 대단하다는 걸 새삼 느꼈다.

입구에서부터 표를 사려는 사람들이 길게 줄을 서 있었지만 며칠 전에 인터넷으로 예매한 친구 덕분에 우리는 기다리지 않고도 바로 입장할 수 있었다. 경기장에 들어갔을 때 바로 보이는 것은 속이 시원할 정도로 (2)________________ 잔디 운동장이었다. 내가 입을 쩍 벌리면서 감탄하고 있으니까 친구는 아직 놀라기는 이르다고 했다.

경기가 시작되자 사람들은 각자 준비해 온 응원 도구들을 꺼내기 시작했다. 응원 팀의 (3)________________ 유니폼을 입고 온 사람, 박자에 맞춰서 들고 있는 (4)________________ 사람, 비닐봉지를 머리에 쓴 사람 등 모두가 신기하고 재미있었다. 특히 경기와 경기 사이에 잠깐 나와서 춤을 추며 (5)________________ 치어리더들의 모습은 정말 인상적이었다.

02 빈칸에 공통으로 들어갈 단어를 골라 쓰십시오.

특이하다 배부되다 단순하다 과시하다 활용되다

(1) • 이 영화는 이야기 구조가 너무 ____________ 재미없고 지루했다.

• 친구는 한 달 이상 기침을 하면서도 ____________ 감기로 생각하고 병원에 가지 않았다가 폐렴으로 오랫동안 고생했다.

(2) • 야구 경기 무료 입장권이 오늘 오후에 전 사원에게 ____________ 예정입니다.

• 지난 신입생 환영회에서 신입생들에게 ____________ 책을 보면 수강 신청에 대한 자세한 설명이 나와 있다.

(3) • 우리 언니는 체질이 ____________ 복숭아를 먹으면 온 몸에 두드러기가 생긴다.

• 지구온난화로 인해 눈이 내리지 않던 지역에 눈이 오고, 추운 지역이 더워지는 ____________ 현상이 세계 곳곳에서 일어나고 있다.

(4) • 이 공원은 앞으로 지역 주민의 휴식 공간으로 ____________ 것입니다.

• 대학에서 개발된 기술이 실제로 제품 생산에 ____________ 경우가 많다.

(5) • 그 가수는 무대에서 관객들에게 뛰어난 춤 솜씨와 가창력을 ____________.

• 비싼 옷과 가방으로 꾸미고 나온 부인은 자신의 재력을 ____________ 듯했다.

03 빈칸에 알맞은 단어를 골라 쓰십시오.

알차다	충족시키다	해소하다	활력소

(1) 속이 꽉 차 있거나 내용에 실속이 있다.

➜ 방학 때 여행도 가고 봉사 활동도 하고 외국어도 배우면서 시간을 ____________ 보냈다.

(2) 살아 움직이는 힘이 되는 요소

➜ 반복되고 따분한 일상에서 ____________을/를 찾고 싶으면 여행을 가는 것도 좋다.

(3) 일정한 기준이나 분량을 채워 모자람이 없게 하다.

➜ 어릴 때부터 책 읽기를 좋아했는데 그 이유는 책이 나의 호기심을 ____________ 주었기 때문이다.

(4) 어려운 일이나 좋지 않은 상태를 해결하여 없애 버리다.

➜ 우리 회사는 부족한 주차 공간 문제를 ____________ 위해서 차량 십부제를 실시하고 있다.

문법 및 표현

N에 관해(서)

01 다음 주제에 맞는 내용을 쓰고 대화를 완성하십시오.

(1)

한글	• 1443년에 세종대왕이 만들었다. • 사람의 발음 기관 모양을 보고 만들었다.

가: 한글에 관해 아는 것이 있으면 말씀해 주세요.

나: 한글은 1443년에 세종대왕이 사람의 발음 기관 모양을 보고 만들었어요.

(2)

여가 생활	• 다시 일할 수 있는 힘을 얻는다. • 가족 관계나 인간관계가 더욱 좋아진다.

가: 이번 시간에는 ________________ 이야기해 보도록 하겠습니다.

나: ________________________________ 점에서 여가 생활은 긍정적인 역할을 한다고 생각합니다.

(3)

행복	• 건강하게 사는 것 • ________________

가: ________________ 생각해 본 적이 있어요?

나: 네. 제가 생각하는 행복은 ________________ 것입니다.

(4)

나 자신	• ________________ • ________________

가: 오늘은 ________________ 생각하는 시간을 갖겠습니다. 여러분은 스스로를 어떤 사람이라고 생각하십니까?

나: 내가 생각하는 나 자신은 ________________ 사람입니다.

뭐니 뭐니 해도

02 빈칸에 알맞은 말을 써서 대화를 완성하십시오.

(1) 가: 그렇게 여행을 떠나고 싶었는데, 막상 여행이 길어지니까 집에 가고 싶더라.
나: 맞아. 뭐니 뭐니 해도 집보다 편한 곳은 없지.

(2) 가: 유학 와서 고향 음식을 못 먹으니까 힘이 안 나는 것 같아.
나: 뭐니 뭐니 해도 ______________________.

(3) 가: 직장을 구할 때는 뭘 먼저 따져 봐야 돼요?
나: 뭐니 뭐니 해도 ______________________.

(4) 가: 행복하게 살기 위해서 가장 중요한 조건은 뭘까요?
나: 뭐니 뭐니 해도 ______________________.

03 관계있는 것을 연결하고 '-(으)니 어쩌니 해도'를 사용하여 문장을 완성하십시오.

(1) 인터넷으로 주문하면 싸다 •	• 신랑하고 행복하게 살면 최고이다
(2) 적게 먹으면 살이 빠진다 •	• 찾아보면 이만한 데가 없다
(3) 신부가 인물이 없다 •	• 많이 사면 큰돈이 든다
(4) 회사 일이 힘들다 •	• 운동을 하지 않으면 다시 찐다

(1) ______________________.

(2) ______________________.

(3) ______________________.

(4) ______________________.

V-는다거나

04 다음 주제에 맞는 내용을 쓰고 대화를 완성하십시오.

(1)

창업에 성공하려면	• 경쟁자들이 많지 않은 업종을 선택한다. • SNS를 통해 입소문을 낸다.

가: 그 동안 모은 돈으로 작은 가게를 차릴까 합니다. 어떻게 하면 성공할 수 있을까요?

나: 기존 시장은 이미 경쟁이 치열합니다. 그러므로 경쟁자들이 많지 않은 업종을 선택한다거나 SNS를 통해 입소문을 내는 것도 좋은 방법입니다.

(2)

인간관계를 넓히려면	• 동호회 활동을 한다. • 낯선 장소에 자주 간다.

가: 매일 회사와 집만 오가다 보니 인간관계가 점점 좁아지는 느낌입니다. 어떻게 하면 다양한 사람들을 만날 수 있을까요?

나: 인간관계를 넓히고 싶으면 ______________________________ 새로운 사람을 만날 기회를 만들어야 합니다.

(3)

여가 생활을 즐기려면	• 자신이 좋아하는 것을 찾아서 한다. • ______________________________

가: 주말에 갑자기 시간이 많아지니까 뭘 해야 할지 모르겠네요.

나: 자신이 좋아하는 것을 찾아서 한다거나 ______________________________ ______________________________ 여가 생활을 즐길 수 있을 거예요.

(4)

야구 경기를 재미있게 관람하려면	• ______________________________ • ______________________________

가: 오늘 저녁에 친구랑 야구 보러 갈 건데 재미있게 관람하는 방법이 있어?

나: 그럼, 있지. 먼저 ______________________________ 야구 경기를 재미있게 관람할 수 있을 거야.

V-(으)ㄹ 만하다

05 '-(으)ㄹ 만하다'를 사용하여 대화를 완성하십시오.

읽다	참다	쓰다	입다	먹다

(1) 독서광인 친구에게 책 소개를 부탁하는 상황

가: 요즘 시간이 많아서 책을 읽어볼까 하는데, **읽을 만한** 책 좀 소개해 줄래?

나: 그럼 소설책 '어머니'를 한번 읽어 봐. 쉽고 공감되는 이야기여서 **읽을 만할** 거야.

(2) 한국을 떠나는 고향 친구의 집 정리를 도와주는 상황

가: 못 가져가는 물건들은 다 어떡할 거야? 이 책상도 아직 ____________________ 것 같은데.

나: 걱정 안 해도 돼. ____________________ 것들은 아름다운 가게에 다 기부하고 갈 거니까.

(3) 요리 솜씨가 없는 친구의 음식을 맛있게 먹어 주는 상황

가: 열심히 만들긴 했는데 ____________________ 음식이 있는지 모르겠어.

나: 맛이 괜찮은데. 이 김치찌개가 특히 ____________________.

(4) 몸이 아픈데도 참고 일하는 동료에게 조퇴를 권하는 상황

가: 얼굴이 너무 창백한데 오늘 일찍 퇴근하는 게 어때요?

나: 아직 ____________________. 이따가 더 안 좋아지면 그렇게 할게요.

(5) 유행이 지난 옷을 버리려고 하는 언니를 말리는 상황

가: 언니, 멀쩡한 옷을 왜 버려? 아직 ____________________.

나: 유행이 지나서 못 입어. ____________________ 네가 입을래?

읽고 쓰기

다음 글을 읽고 빈칸에 알맞은 문장을 써 봅시다.

(1) 2013년부터 대체 공휴일제가 도입되면서 여가에 대한 인식이 바뀌고 있다. 하지만 여전히 한국 사람들은 모든 일을 끝내고 나서 남는 시간이 여가 시간이라는 인식이 강하다. 아직까지는 ____________________. 다시 말해 여가는 일보다 중요하지 않다고 생각하는 사람이 많다는 것이다.

(2) 문화체육관광부가 만 15세 이상 성인 남·여 5,000명을 대상으로 한 '국민여가활동조사'에 따르면 조사 대상 중 절반 이상(62.2%)이 여가 시간에 '쉬는' 것으로 나타났다. 그 중에서도 가장 만족을 느끼는 휴식 활동은 TV시청(51.4%)이었다. 이는 여가 시간이 단순히 ____________________ 인식되고 있음을 보여준다.

(3) '국민여가활동조사' 결과 한국인의 평일 평균 여가 시간은 3.6시간으로 나타났는데 이는 2010년 조사 결과인 4시간보다 0.4시간 감소한 것이다. 월 평균 여가 비용은 130,000원으로 2010년 168,000원보다 38,000원이 감소했다. 이것은 최근 어려워진 ____________________ 때문으로 볼 수 있다.

(4) 북유럽 국가들의 여가 시간은 하루 평균 6시간 내외로 한국보다 2배 정도 많으며 주로 레크리에이션이나 하이킹, 자전거 타기, 보트 타기, 스키 등의 스포츠를 즐긴다. 한국문화관광연구원 김도현 연구원은 '유럽에서 여가 문화가 발달된 이유는 ____________________ 인식이 정착되어 있기 때문'이라고 했다. 이에 반해 '한국 국민의 경우 자녀 사교육, 노후 대책, 금융 상품 구입, 주택 마련 등으로 가계 지출이 많기 때문에 여가 활동에 지출할 시간과 비용이 줄어들 수밖에 없다'고 분석했다.

더 배워 봅시다

관용어 3

01 배가 아프다

남이 잘되어 심술이 나다.

예 친구가 대기업에 취직했다는 말에 괜히 **배가 아파 왔다**.
김지희 아나운서는 박주성 선수와 김은지 아나운서의 결혼에 **배가 아팠다고** 털어놓았다.

02 숨이 트이다

마음이 답답한 상태에서 벗어나게 되다.

예 야근으로 쉴 새 없이 바쁘다가 여유가 생겨서 **숨이 트이는** 것 같다.
최근 주부들 사이 인기를 끌고 있는 친환경 가습기 '숨트니'는 '**숨이 트이는** 공간'이라는 뜻을 담고 있다고 한다.

03 시선을 끌다

주의나 관심을 갖게 하다.

예 이번 행사의 사물놀이 공연은 화려한 무대 연출로 관객들의 **시선을 끌었다**.
단기간에 소비자의 **시선을 끌** 수 있다는 점으로 인해 패러디 광고가 떠오르고 있다.

04 어깨가 무겁다

무거운 책임을 져서 마음의 부담이 크다.

예 과장으로 승진이 되어 한편으로는 기쁘고 한편으로는 **어깨가 무겁다**.
한국여자프로골프대회에서 2년 연속 우승을 차지한 '이보리'는 **어깨가 무겁지만** 더 열심히 경기에 임하겠다고 소감을 밝혔다.

※ 알맞은 말을 넣어 대화를 완성하세요.

(1) 가: 오랜만에 산에 올라오니까 스트레스도 풀리고 ______________________.
나: 내 말이 맞지? 주말에 집에만 있지 말고 다음에도 또 오자.

(2) 가: 영희 씨 출산이 다음 달이라고 했죠? 이제 아기 아빠네요. 축하해요.
나: 고마워요. 가장으로서 ______________________ 곧 태어날 아이를 생각해서 힘낼게요.

(3) 가: 넌 민수가 우수상을 받은 게 ______________________? 표정이 왜 그래.
나: 그런 거 아니야. 잠깐 다른 생각을 해서 그래.

(4) 가: 내일이 소개팅인데 어떤 옷을 입으면 좋을까요?
나: 연한 분홍색이나 흰색 계통의 밝은 색이 좋겠는데요. 너무 화려하거나 __________ __________ 옷들은 피하시고요.

대학 생활 TIP

노트 필기 잘하는 법 3

• 목차를 활용하라

필요한 부분마다 작은 메모지를 붙여 목차를 만들어 놓으면 좋다. 단원이나 내용에 따라 분류해 놓으면 해당되는 부분을 찾아 바로 공부할 수 있다. 단, 너무 세세하게 분류하면 오히려 해당 내용을 찾는 데 시간이 많이 걸릴 수 있으므로 주의해야 한다.

살아있는 한국어 워크북 5

제 4 과

생태와 환경

4 생태와 환경

4-1 생태와 환경

어휘

01 빈칸에 알맞은 단어를 골라 쓰십시오.

도래지	수생	장관	천연기념물	철새

> 습지는 바다처럼 물에 완전히 잠겨 있지는 않지만 일 년 중 일정 기간 이상 물에 잠겨 있거나 젖어 있는 땅을 말한다. 늪, 갯벌이 습지에 해당한다. 습지에는 물속에 사는 (1)______________ 식물뿐만 아니라 이들을 먹이로 하는 다양한 동물들이 서식하고 있다. 이런 이유로 어떤 학자는 습지를 '생물의 슈퍼마켓'이라고 하였다.
>
> 계절에 따라 국경을 넘어 이동하는 (2)______________은/는 습지에 머물면서 이동에 필요한 먹이를 섭취한다. 그래서 습지 중에는 철새의 (3)______________(으)로 유명한 곳이 많다. 습지에 사는 새들 중에는 학처럼 국가에서 특별히 보호하고 있는 (4)______________도 있다. 많은 새들이 한꺼번에 날아오르는 모습은 (5)______________을/를 이룬다.

02 빈칸에 알맞은 단어를 골라 쓰십시오.

동물	식물	조류	곤충류

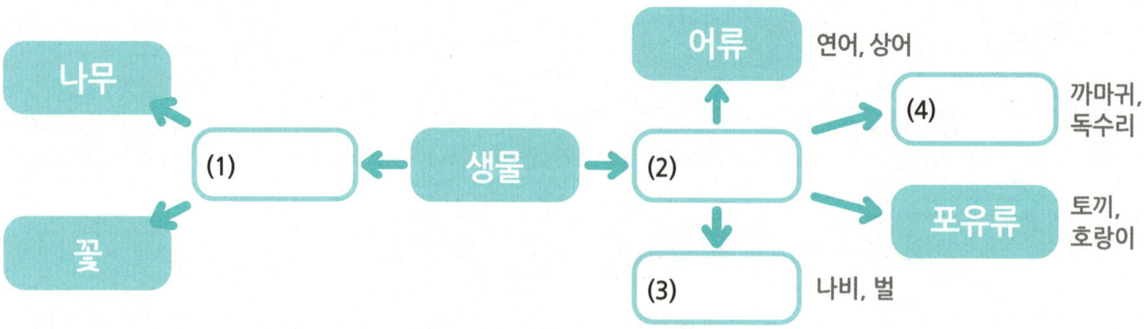

03 빈칸에 알맞은 단어를 모두 골라 쓰십시오.

(1)

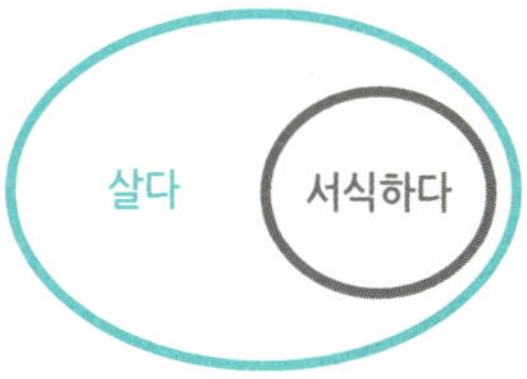

- 상우는 하루 종일 도서관에서 ____________.
- 갯벌에는 조개, 게 등 다양한 생물이 ____________.
- 수생 식물이란 물속이나 습기가 많은 물가에서 ____________ 식물을 말한다.

(2)

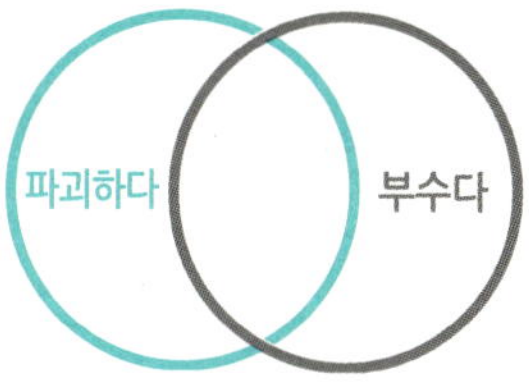

- 아버지는 망치로 큰 돌을 잘게 ____________.
- 전쟁이 일어나면 먼저 적의 중요한 건물들을 ____________.
- 사람들은 자신들의 욕심을 위해 생태계를 ____________.

(3)

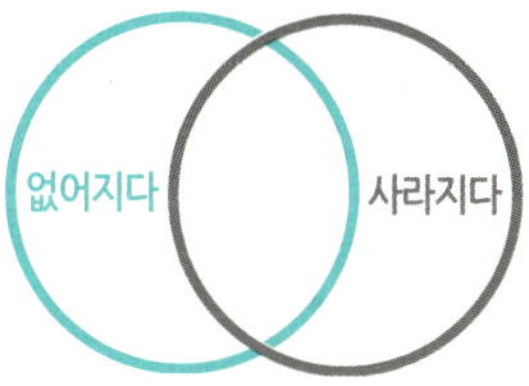

- 시험을 망쳐서 장학금을 받을 가능성이 ____________.
- 그의 죽음으로 조선 왕조는 역사 속으로 ____________.
- 자리를 비운 사이에 책상 위에 놓아 둔 돈이 감쪽같이 ____________.

(4)

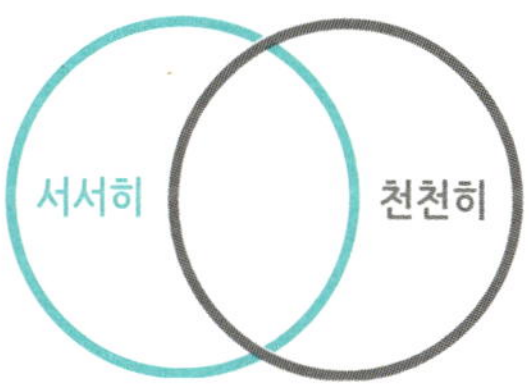

- 배가 ____________ 항구 쪽으로 들어왔다.
- 시간이 많으니까 ____________ 많이 드세요.
- 결혼한 지 2년이 지나자 남편은 ____________ 변하기 시작했다.

04 빈칸에 공통으로 들어갈 단어를 골라 쓰십시오.

나서다	띄다	마르다

(1)
- 지난 몇 년간 우리 경제는 눈에 ____________ 발전을 이루었다.
- 관중석에서 삼촌을 찾아봤지만 눈에 ____________ 않았다.
- 다음 문장을 맞춤법에 맞게 ____________ 쓰세요.

(2) • 오늘은 바람도 불고 날씨도 맑아서 빨래가 잘 __________.

• 뜨거운 태양 아래에서 달리기를 했더니 목이 몹시 __________.

• 고등학교 3학년인 동생은 요즘 입시 공부를 하느라 몸이 많이 __________.

(3) • 우리 회사는 이번에 새로 개발한 상품 홍보에 적극적으로 __________.

• 아침에 집을 __________ 때 아내의 배웅은 늘 든든한 힘이 된다.

• 어려운 학생을 돕기 위해 선생님들이 __________ 소식이 신문에 실렸다.

05 빈칸에 알맞은 단어를 골라 쓰십시오.

보호	개발	보존	파괴	회복	동참

(1) 잘 지켜 원래대로 보존되게 함

➜ 학생들은 산에서 쓰레기를 줍는 등 자연 __________ 활동을 벌였다.

(2) 잘 보호하고 간수하여 남김

➜ 한정자 씨는 사라질 위기에 처했던 통영 승전무의 __________을/를 위해 평생을 바쳤다.

(3) 국토나 천연자원 따위를 유용하게 만듦

➜ 간척 사업은 갯벌 __________을/를 통해 국토를 넓히려는 것으로, 한국에서는 주로 서해안에서 이루어진다.

(4) 원래의 상태로 돌이키거나 원래의 상태를 되찾음

➜ 산불은 순간의 실수로 발생한다. 그러나 __________에는 무려 30년이라는 긴 시간이 걸린다.

(5) 부수거나 무너뜨림

➜ 외국에서 유입된 생물들로 인해 우리나라 고유의 생물들이 사라질 위기에 처해 있다. 외래종으로 인한 생태계 __________이/가 심각하다.

(6) 어떤 모임이나 일에 같이 참가함

➜ 시민들의 적극적인 __________(으)로 '사랑의 헌혈 운동'은 성공적으로 끝났다.

A/V-기에 망정이지

01 기사를 보고 '-기에 망정이지'를 사용하여 대화를 완성하십시오.

(1) **버스 추락, '안전띠'가 학생 살렸다**

학생들을 태우고 가던 통학 버스가 도로 옆 수로로 떨어지는 사고가 발생했다. 이 사고로 운전자 58세 김 모씨가 허리를 심하게 다쳐 병원으로 옮겨져 치료를 받고 있다. 차 안에는 중학생 14명이 타고 있었지만 안전띠를 매고 있어서 크게 다친 학생은 다행히 없었다.

가: 어머, 학생들을 14명이나 태운 버스가 도로 아래로 떨어졌대요. 다행히 크게 다친 사람은 없다고 하네요.

나: 네. ______________________ 하마터면 큰일 날 뻔했어요.

(2) **2세 여아 마트에서 호흡 곤란, 장 보러 나온 의사가 살려**

할머니와 함께 마트에 왔던 아이가 호흡 곤란을 일으키며 쓰러지는 일이 발생했다. 마침 마트에는 가족과 함께 장을 보러 나왔던 의사 강신국 씨가 있어 응급조치를 취했다. 아이의 목에서는 사탕이 나왔으며 의사의 빠른 조치로 아이는 의식을 되찾았다.

가: 어제 마트에서 큰일이 있었다면서요?

나: 네. 어떤 아이가 목에 사탕이 걸려 쓰러졌어요. 마침 마트에 ______________________
______________________.

(3) **여객기에 '새 충돌' 13시간 지연**

이륙을 준비하던 여객기에 새가 부딪혀 항공기 출발이 10시간 넘게 지연되었다. 다행히 비행기가 활주로를 천천히 이동하는 중이었기에 충격이 크지 않았으며, 승객들은 모두 무사했다. 그러나 이 사고로 여객기는 예정 시각보다 13시간 늦게 출발하였다.

가: 이륙을 준비하던 비행기에 새가 부딪히는 사고가 났대요. 비행 중에 일어난 일이 아니라서 정말 다행이에요.

나: 맞아요. ______________________.

N을/를 비롯하다

02 '을/를 비롯하다'를 사용하여 대화를 완성하십시오.

기억력 •	• 각국의 정상들
한글놀이터 •	• 1960년대 영화들
한국의 대통령 •	• 다양한 체험 시설
한국 최초의 액션 영화 •	• 여러 가지 뇌 기능

(1) 가: 다음 달 서울에서 개최되는 '세계 물 포럼'에 ______________________________ 이/가 참석한다고 들었습니다.

나: 그렇습니다. 물의 소중함에 대한 세계 여러 나라의 관심이 얼마나 뜨거운지 이번 대회를 통해 알 수 있을 것 같습니다.

(2) 가: 새롭게 문을 연 '국립한글박물관'이 관람객들 사이에서 인기가 높습니다. 특히 가족 단위 방문객이 많다고 들었는데요.

나: 네. 국립한글박물관에는 아이들이 쉽고 재미있게 한글의 과학성을 알아 갈 수 있도록 ______________________________이/가 준비되어 있습니다.

(3) 가: 최근 카레의 효능에 대한 다양한 연구 결과가 발표되면서 사람들의 관심이 뜨겁습니다.

나: 네. 카레가 학습 능력 향상에 도움이 된다는 것은 이미 잘 알려진 사실입니다. 최근 연구에서는 카레가 특히 ______________________________을/를 향상시킨다는 사실이 밝혀져 주목을 받고 있습니다.

(4) 가: 그동안 필름이 없어 볼 수 없었던 영화들을 볼 수 있게 되었다는 기쁜 소식이 있네요.

나: 네. 과거 영화 관련 사업을 했었다는 권기현 씨가 지난주 100여 편의 필름을 기증하셨는데요. 그 안에는 ______________________________의 필름이 포함되어 있었습니다. 이번 기증으로 그동안 기록으로만 존재해 왔던 작품들이 되살아나게 되었습니다.

V-자고 들다

03 '-자고 들다'를 사용하여 대화를 완성하십시오.

(1) 가: 어제 수업 시간에 '금 모으기 운동'에 대해 들었어요. 아이 돌반지까지 내 놓으며 국가의 경제 위기를 함께 극복하다니 한국 국민들이 참 대단한 것 같아요.
나: 국민이 다 함께 어려운 상황을 ______________ 못할 일이 뭐가 있겠어요?

(2) 가: 아직도 회의가 안 끝났어요?
나: 네. 계속 이야기 중이에요. 다른 사람들의 의견은 듣지도 않고 각자 자기 생각만 ______________ 결론이 나올 수가 없죠.

(3) 가: 졸업하고 아직 동창들을 한 번도 못 만났어요. 직장에 다니니까 시간 내기가 쉽지 않네요.
나: 저도 그래요. 사실 ______________ 자주 볼 수도 있는데 말이죠.

(4) 가: 환경 보호라는 게 거창한 일이라고 생각했는데 생각보다 생활 주변에서 할 수 있는 일이 많은 것 같아요.
나: 맞아요. ______________ 그리 어려운 일도 아니에요.

그리 A/V-지 않다

04 '그리 A/V-지 않다'를 사용하여 대화를 완성하십시오.

(1) 가: 골목길이 복잡해서 집 찾기가 힘드셨죠? 비슷한 건물도 많고요.
나: 아니에요. 설명을 자세히 잘해 주셔서 ______________.

(2) 가: 도와줘서 고마워요. 그런데 은행에 사람이 많지 않았어요? 한참 기다렸겠네요.
나: 오전 시간이라서 손님이 ______________.

(3) 가: 무거울 테니까 1층에 도착하면 전화 주세요. 제가 내려갈게요.
나: ______________ 저 혼자 들 수 있어요. 걱정하지 마세요.

(4) 가: 이 자료는 너무 복잡한 것 같은데 신입 사원이 정리할 수 있을까?
나: 숫자가 많아서 복잡해 보이는 것뿐이에요. ______________ 민수 씨에게 맡겨 보세요.

1과 여론과 대중
2과 전설과 속담
3과 취미와 여가
4과 생태와 환경
5과 현대 사회
6과 한국의 전통
7과 소비와 경제생활
8과 한국의 문학
9과 풍속과 음식
10과 대학 생활

읽고 쓰기

다음 글을 읽고 빈칸에 알맞은 문장을 써 봅시다.

미국 애리조나 북부에 있는 카이바브 고원은 사슴과 사슴을 잡아먹는 퓨마, 늑대 등이 공존하며 생태계의 평형이 유지되고 있었다. 그런데 1907년부터 사람들은 사슴을 보호할 목적으로 퓨마와 늑대를 포획하기 시작했다. 그 결과 사슴의 수는 급속히 증가하게 되었지만, 사슴의 먹이인 풀이 부족해지기 시작했다. 결국 카이바브 고원에서 풀이 사라져 갔고 1924년에는 무려 절반 이상의 사슴이 굶어 죽는 사태가 일어났다. 이처럼 평형이 유지되고 있던 생태계에 인간이 인위적인 힘을 가함으로써 변화가 일어나고 그 영향이 연쇄적으로 확대되어 결국 생태계가 파괴되는 현상을 방아쇠 효과라고 한다.

(1) 방아쇠 효과란 ……………………………………………………………………………

……………………………………………………………………………………을/를 말한다.

1907년 미국의 한 고원에서는 사슴을 보호하기 위해 퓨마와 늑대를 없앴다. 고원에서 퓨마와 늑대가 사라지자 ……………………………………………………………………

결국 …………………………………………………………………………………………….

사람들의 실수로 혹은 의도에 의해 원래 서식지가 아닌 다른 지역에 새롭게 유입되는 동식물을 외래종이라고 한다. 생태계 안에서 서로 먹고 먹히는 관계로 연결되어 유지되고 있는 생태계의 평형은 외래종이 들어오면 무너지게 된다. 특히 외래종을 잡아먹을 수 있는 포식자가 없는 경우 외래종의 개체수는 급격하게 증가하여 생태계의 균형이 파괴될 수도 있다. 이러한 외래종으로 인한 생태계 파괴는 세계 곳곳에서 찾아볼 수 있는데 한국에서는 배스를 예로 들 수 있다. 배스는 식용으로 판매하기 위해 수입한 물고기이다. 한국의 강에는 천적이 없는 배스는 토종 물고기를 잡아먹는 생태계 최상위에 위치하게 되었고 이로 인해 토종 물고기들의 개체수가 감소하는 심각한 상황에 놓이게 되었다.

(2) 외래종이란 …………………………………………………………………………….

외래종은 생태계의 평형을 ………………………………………………………………….

한국 역시 외래종 배스로 인해 ……………………………………………………………

…………………………………………………………………………………………………….

4-2 환경 보호 생태와 환경 4

• 어휘

01 빈칸에 들어갈 단어를 골라 쓰십시오.

친환경	유기농법	대체 에너지

(1) 화학 비료나 농약을 쓰지 않고 오리를 이용하거나 쌀겨를 뿌려 농사를 짓는 방법이 있다. 이런 농사법을 ______________(이)라고 한다.

(2) 자연을 훼손시키지 않고 자연 그대로와의 환경과 잘 어울리는 것을 ______________(이)라 하며 농업은 물론 각종 생활용품의 생산 과정, 일상생활에서도 이를 중시하는 개인과 기업이 늘고 있다.

(3) 화석 연료를 사용하면 이산화탄소가 발생하는데 이것은 지구 온난화의 원인이 된다. 이런 이유로 세계 각국에서는 환경에 적은 영향을 미치는 새로운 에너지원을 찾게 되었는데 태양열, 수력, 풍력 등이 바로 그러한 에너지원이다. 이렇게 화석 연료를 대신해서 사용할 수 있는 것을 ______________(이)라고 한다.

02 빈칸에 공통으로 들어갈 단어를 골라 쓰십시오.

갈다	꾸미다	달다	드러나다	조르다

(1) • 너무 부끄러워서 얼굴이 화끈 ______________ 올랐다.
• 자취방에 에어컨을 ______________ 싶지만 돈이 없다.
• 국경일인데도 태극기를 ______________ 집이 생각보다 적었다.

(2) • 만두를 만들려고 소고기를 ____________.
• 상우는 수명이 다 된 교실의 전등을 빼고 새것으로 ____________.
• 어젯밤에 동생이 이를 얼마나 심하게 ____________ 잠을 잘 수가 없었다.

1과 여론과 대중
2과 전설과 속담
3과 취미와 여가
4과 생태와 환경
5과 현대 사회
6과 한국의 전통
7과 소비와 경제생활
8과 한국의 문학
9과 풍속과 음식
10과 대학 생활

(3) • 그는 자신의 잘못이 __________ 봐 거짓말을 했다.
• 범인은 자신이 한 일이 __________ 죄를 인정하였다.
• 썰물 때가 되자 바닷물이 빠져나가고 드넓은 갯벌이 __________.

(4) • 동생은 엄마에게 과자를 사 달라고 __________.
• 부모님께 유학을 보내 줄 것을 __________ 보았지만 소용이 없었다.
• 이번 달에는 생활비가 부족하니 허리띠를 __________ 매고 살아야겠다.

(5) • 봄을 맞아 집안을 새롭게 __________ 했다.
• 언니는 예쁘게 __________ 남자 친구를 만나러 나갔다.
• 그 사람의 이야기를 다 믿어서는 안 된다. 어쩌면 __________ 이야기일지도 모른다.

03 빈칸에 알맞은 단어를 골라 쓰십시오.

그저	무려	비록	진작

(1) 계명대 야구팀이 비사대를 상대로 연장전까지 가는 접전을 벌였지만 끝내 무릎을 꿇었다. 경기를 마친 후 김상수 감독은 ____________ 졌지만 모두 멋진 경기를 보여 주었다면서 선수들을 격려하였다.

(2) 2005년 인터넷 신문 등록제가 시행된 이래 8년 사이 등록된 인터넷 신문이 ____________ 17배 이상 늘어난 것으로 나타났다. 이에 비해 같은 기간 일간지와 주간지 등 정기 간행물은 53.4% 증가하는 데 그쳤다.

(3) 모 프로그램에서 스태프들에게 해 준 요리로 시청자들의 뜨거운 관심을 받고 있는 배우 차지원 씨. 그는 대단한 요리가 아니라 ____________ 간단한 음식을 만들었을 뿐이라며 대중들의 관심에 오히려 부끄러워했다.

(4) '집중력을 높이는 손쉬운 방법'이 공개돼 네티즌들의 눈길을 사로잡았다. 우선 시끄러운 잡음이 없어야 한다. 다음으로 주변을 정돈하는 것이 좋다. 산책을 하는 것도 집중력을 높인다. 마지막으로 스마트폰을 잠시 꺼 두는 것도 집중력을 높이는 방법 중 하나이다. 기사를 접한 네티즌들은 "____________ 이렇게 할걸."이라며 아쉬워했다.

문법 및 표현

V-자니

01 '-자니'를 사용하여 문장을 완성하십시오.

(1) 

"유행이 지난 옷을 모두 보관하고 있으니 옷장이 복잡해요. 그렇지만 버리기에는 아깝고요."

➔ 유행이 지난 옷을 보관하자니 옷장이 복잡하고 버리자니 아깝다.

(2) 

"약속 장소까지 걸어가기에는 좀 멀어요. 버스로 가려면 환승을 해야 하는데 버스가 자주 없어서 오래 기다려야 해요."

➔ 약속 장소까지 ______________________________.

(3) 

"할 일이 너무 많아서 친구를 만날 시간이 없어요. 그런데 바빠서 못 만난다고 하면 친구가 섭섭해 할 거예요."

➔ 친구를 ______________________________.

(4) 

"오래된 건물이라 그대로 두면 더 낡아 위험하게 될 거예요. 그렇지만 수리를 하면 옛 건물이 가지는 가치가 사라질 거예요."

➔ 낡은 건물을 ______________________________.

(5) 

"농약을 사용하지 않고 농사를 지으면 벌레도 많이 생기고 잡초도 자라서 힘들어요. 그렇다고 농약을 사용하면 혹시 건강에 나쁜 영향을 미칠까 걱정이 돼요."

➔ 농약을 ______________________________.

V-아/어 대다

02 알맞은 단어를 골라 대화를 완성하십시오.

떠들다	버리다	울리다	지르다

(1) 가: 어제 무리를 했는지 목이 쉬었어.
 나: 응원하느라 소리를 그렇게 ____________ 목이 안 쉴 리가 있겠니? 약이라도 사 먹어.

(2) 가: 피곤해 보이네. 어제도 과제가 많았어?
 나: 아니. 옆집 때문에……. 밤새도록 술을 마시고 ____________ 잠을 잘 수가 있었어야지.

(3) 가: 한 사람이 평생 동안 배출하는 쓰레기양이 55톤이래.
 나: 너무 많다. 이렇게 ____________ 우리가 사는 지구가 쓰레기로 덮일지도 모르겠어.

(4) 가: 하루 종일 잘 거라고 하더니 실컷 잤어?
 나: 아니. 주중에 맞춰 놓은 알람이 5분마다 ____________ 보통 때하고 똑같이 일어났어.

03 알맞은 단어를 골라 문단을 완성하십시오.

긁다	물다	짖다	흔들다

얼마 전부터 집에서 강아지를 키우기 시작했습니다. 가족들이 현관문을 열고 들어오면 강아지는 꼬리를 (1)____________ 반깁니다. 처음에는 강아지 키우는 것을 좋아하지 않으시던 아버지도 이 모습을 보고 하루의 피로가 다 사라지는 것 같다고 하셨습니다. 그렇지만 강아지를 키우는 게 좋기만 한 건 아닙니다. 아직 어린 강아지는 소파며 옷이며 이것저것 (2)____________ 집안을 엉망으로 만들어 놓습니다. 또 방문을 닫아 놓으면 열어 달라면서 문을 (3)____________. 그리고 누가 집 앞을 지나가기만 해도 (4)____________ 얼마 전에는 옆집 사람에게 조용히 해 달라는 이야기를 들었습니다. 그래서 강아지를 계속 키워야 할지 말아야 할지 고민입니다.

N(으)로 인해(서)

04 '(으)로 인해서'를 사용하여 대화를 완성하십시오.

(1)

손목터널증후군 발병률 증가
스마트폰이나 컴퓨터를 지나치게 사용하는 경우 발생할 확률 매우 높아

가: 스마트폰을 사용하다 보니 자꾸 손목이 아파.
나: 어쩌면 너도 손목터널증후군일지도 몰라. 요즘 컴퓨터나 스마트폰의 ____________ ____________ 젊은 층에서도 많이 생기고 있대.

(2)

벚꽃 개화 시기, 평년보다 빠르다
봄꽃 개화 시기, 30년 전보다 최대 보름 앞당겨져. 지구 온난화로 기온 오른 탓

가: 어머, 벚꽃이 벌써 폈네. 요즘은 꽃들이 예전보다 더 빨리 피는 것 같아요.
나: 뉴스에서 들었는데 ____________ 꽃 피는 시기가 30년 전보다 보름이나 빨라졌대요.

(3)

올해 자동차 수출 급감
환율 하락으로 가격 경쟁에서 밀려. 생산량, 판매량 모두 감소

가: 올해 자동차 업체들의 수출량이 많이 줄었다고 하네요.
나: 저도 그 기사 봤어요. ____________ 수출 가격이 올랐기 때문이라죠?

(4)

분도대교 교통사고, 원인은 '안개'
분도대교에서 105중 추돌 사고가 발생했다. 이 사고로 2명이 사망하고 63명이 다쳤다. 경찰은 사고의 원인이 짙은 안개로 가시거리가 10m에 불과했기 때문이라고 설명했다.

가: 분도대교에서 자동차 105대가 부딪치는 사고가 발생했대요. 어쩌다가 이렇게 큰 사고가 났는지 모르겠어요.
나: ____________ 운전자들이 앞을 잘 볼 수 없었기 때문이래요.

A/V-거니와

05 '-거니와'를 사용하여 대화를 완성하십시오.

(1)

비타민D 결핍

• 피부가 상할까 봐 햇볕 쬐기를 주저한다. • 실내에서 생활하는 시간이 길다.

가: 요즘 비타민D가 부족한 직장인이 많다면서요?

나: 네, 그렇습니다. ______________________________ 때문인 것으로 조사되었습니다.

(2)

통곡물 식사

• 혈당이 완만하게 상승해 당뇨병에 도움이 된다. • 포만감이 지속되어 다이어트에 좋다.

가: 통곡물로 밥을 지어 먹으면 어떤 점이 좋은가요?

나: 물론 백미로 밥을 지으면 부드러워 먹기에는 더 좋습니다. 그러나 통곡물로 밥을 지으면 ______________________________.

(3)

커피 찌꺼기 활용

• 화분, 명함 꽂이 등과 같은 공예품을 만든다. • 친환경 퇴비로 재활용한다.

가: 커피 소비량이 증가하면서 커피를 만들고 나서 버리는 찌꺼기의 양도 급증하고 있는데요. 활용 방법이 있다면서요?

나: 네. 커피를 만들고 남은 찌꺼기로 ______________________________.

(4)

지역 농산물 이용

• 신선한 농산물을 먹을 수 있다.

• 운송거리가 짧기 때문에 이산화탄소 발생량을 줄일 수 있다.

가: 요즘 우리 지역에서 생산된 농산물을 우리 지역에서 소비하자는 운동이 벌어지고 있다면서요?

나: 네. 지역 농산물을 이용하면 ______________________________.

읽고 쓰기

여러분은 '간척 사업'에 대해 긍정적으로 생각합니까? 부정적으로 생각합니까? 여러분의 생각을 아래의 표현을 사용하여 정리해 봅시다.

간척 사업

(1) 개념 : 해안을 매립하여 농토나 상업 부지를 만드는 일

(2) 장점 :
- 새로운 땅을 만들기 때문에 국토가 넓어짐
- 농경지, 공업 용지, 택지 등으로 활용
- 간척지에서 농산물을 재배. 식량 생산 증가
- 관광지 개발로 지역 사회 발전

(3) 문제점 :
- 해안 생태계 파괴
- 토지 이용으로 인한 주변 바다 오염
- 바다 자원 감소로 인한 어민의 생존권 문제 발생

긍정적인 태도를 나타내는 어휘

- 이/가 바람직하다
- 이/가 기대되다
- 은/는 가치가 있는 일이다

부정적인 태도를 나타내는 어휘

- -다고 보기 어렵다
- 은/는 옳지 않다
- -는 사태가 벌어지다
- 을/를 지적할 수 있다

해안을 매립하여 국토를 넓히는 간척 사업은 ....

....

이를 통해 ....

.... 때문이다.

만약 ....

.... 다면 어떻게 되겠는가?

.... 될 것이다.

그러므로 간척 사업은 반드시 ....

....

....

더 배워 봅시다

관용어 4

01 입에 달고 다니다

말이나 이야기를 습관처럼 되풀이하거나 자주 사용하다.
먹을 것을 쉴 새 없이 입에서 떼지 않고 지내다.

예 식당 주인 할머니는 욕을 **입에 달고 다녀서** 욕쟁이 할머니라는 별명이 붙었다.
요즘 단 것을 **입에 달고 다녔더니** 살 찐 것 같아요.

02 입을 맞추다

미리 의논하여 서로의 말이 같게 하다.

예 두 아이는 장난을 치다가 그릇을 깨고서는 고양이가 깼다고 **입을 맞추었다**.
위조지폐를 유통시킨 범인 일당은 미리 **입을 맞추고** 경찰의 조사를 받았다.

03 진땀을 빼다

어려운 일이나 난처한 일을 당해서 진땀이 나도록 몹시 애를 쓰다.

예 처음으로 차를 끌고 대형 마트에 갔다가 좁은 공간에 주차하느라 **진땀을 뺐다**.
대선 후보 TV토론회에 참석한 김 후보는 방청객들의 날카로운 질문에 **진땀을 뺐다**.

04 침이 마르다

다른 사람이나 물건에 대하여 계속 말하다.

예 친구는 오랜만에 사귄 여자 친구에 대해 **침이 마르도록** 이야기했다.
영화 평론가들이 **침이 마르게** 칭찬을 한 영화인데 저는 별로였던 것 같아요.

※ 알맞은 말을 넣어 대화를 완성하세요.

(1) 가: 수민이 돌잔치는 잘했어요?
나: 네. 많은 분들이 축하해 주셔서 잘 끝났어요. 그런데 사진을 찍을 때 어찌나 울어대는지 달래느라 ____________________.

(2) 가: 교수님, 과제는 다음 주까지 제출하라고 하셨어요.
나: 그래요? 난 이번주로 알고 있었는데. 혹시 시간을 더 벌려고 여러분이 모두 ____________________ 것은 아니죠?

(3) "한국 기업 제품은 품질이 아주 뛰어나요. 한국 기업이라면 언제든 환영입니다." 라오스의 장관은 이번 인터뷰에서 한국 기업의 경쟁력을 ____________________ 극찬했다.

(4) 성 대리는 '그만두고 싶다'는 말을 ____________________ 회사에는 제일 일찍 온다.

대학 생활 TIP

노트 필기 잘하는 법 4

• 노트를 반으로 나누어라

노트를 반으로 나누어 활용하면 좋다. 특히 단어장으로 공부할 때 유용하다. 반으로 접은 오른쪽 부분을 덮어 자신이 암기하였는지 점검할 때 활용할 수 있다. 또한 약간의 여백을 두고 필기를 해 두면 질문 내용이나 어려운 내용에 대한 보충 설명 등을 여백을 이용하여 정리할 수 있다.

살아있는 한국어 워크북 5

제 5 과

현대 사회

5-1 외모

어휘

문법 및 표현
· 신경(을) 쓰다
  같은 값이면 다홍치마
  열을 올리다
· A/V-건 말건
· A/V-기는 하다
· A/V-(으)ㄹ 따름이다

읽고 쓰기

5-2 고령화 사회

어휘

문법 및 표현
· A/V-(으)ㄴ/는 반면(에)
· V-(으)ㅁ에 따라(서)
· A/V-(으)니

읽고 쓰기

더 배워 봅시다

관용어 5

5 현대 사회

5-1 외모

어휘

01 빈칸에 알맞은 표현을 골라 쓰십시오.

기본 조건	금상첨화	외모 지상주의	자기 관리

요즘 취업을 준비하는 사람들을 보면 피부 관리를 받고 다이어트를 하는 것도 모자라 성형 수술까지 받는 경우가 있다. 업무와 관련된 능력이나 경력 등은 당연히 갖추어야 할 (1)__________(이)고 거기에 외모까지 좋다면 (2)__________(이)라고 생각하는 것이다. 물론 자기의 외모를 가꾸는 (3)__________을/를 통해 자신감이 생기고 당당해지면 취업에 더 유리할 수도 있을 것이다. 하지만 지나칠 정도로 외모를 중요하게 생각하는 (4)__________을/를 걱정하는 목소리도 있다. 내면을 제대로 채우기 전에 외면에만 신경 쓰도록 부추기는 사회 분위기가 문제라는 것이다. 아무리 사회가 변하더라도 화려한 '겉'보다 알찬 '속'이 더 중요하다는 것을 잊지 말아야 할 것이다.

02 빈칸에 공통으로 들어갈 단어를 골라 쓰십시오.

채우다	답답하다	빛나다	부추기다	당하다

(1) • 중요한 서류는 서랍에 넣고 자물쇠를 __________ 안심할 수 있다.
• 집에 들어서니 음식 냄새가 온 집안을 가득 __________ 있었다.

(2) • 정월대보름에는 밝게 __________ 보름달을 보면서 소원을 비는 풍습이 있다.
• 세종대왕은 한글을 만들어서 역사에 __________ 업적을 남겼다.

(3) • 다른 사람들이 미리 말해 주지 않았더라면 사기꾼에게 ____________ 뻔했다.
• 친구들에게 괴롭힘을 ____________ 아이는 학교에 가지 않겠다고 떼를 썼다.

(4) • 어제는 친구들이 장학금을 받았으니 한턱 내라고 계속 ____________ 점심을 샀다.
• 원유 가격 폭등이 물가 상승을 ____________.

(5) • 점심을 급하게 먹어서인지 소화가 되지 않아 속이 ____________ 불편하다.
• 편찮으신 어머니 걱정에 가슴이 ____________ 잠이 오지 않는다.

03 빈칸에 알맞은 단어를 골라 쓰십시오.

말쑥하다	수수하다	성숙하다	촌스럽다	갸름하다	평범하다

(1) 말끔하고 깨끗하다. 단정하고 세련되다.
➜ 졸업을 앞두고 학생들은 저마다 ____________ 차려입은 모습으로 학교에 왔다.

(2) 태도나 취향이 세련되지 못하고 시골 사람 같다.
➜ 요즘 복고풍 패션이 유행이라고 하지만 잘못 입으면 ____________ 보일 수 있다.

(3) 가늘고 긴 듯하다.
➜ 지수는 ____________ 얼굴이어서 어떤 머리 모양도 잘 어울린다.

(4) 돋보이거나 화려하지 않고 평범하면서도 검소하다.
➜ 오늘은 좀 ____________ 보이고 싶어서 화장을 연하게 하고 액세서리도 안 했어.

(5) 뛰어나거나 특별한 점이 없이 보통이다.
➜ 지수는 ____________ 노래 실력이었지만 열심히 노력한 끝에 노래 대회에서 일등할 수 있었다.

(6) 몸과 마음이 자라서 어른스럽게 되다. 경험이나 습관을 쌓아 익숙해지다.
어떤 사회 현상이 발전할 수 있도록 조건이나 상태가 충분히 마련되다.
➜ 민주주의가 ____________ 위해서는 시민들의 적극적인 투표가 이루어져야 한다.

문법 및 표현

신경(을) 쓰다　　같은 값이면 다홍치마　　열을 올리다

01 빈칸에 공통으로 들어갈 알맞은 표현을 쓰십시오.

(1) • 아내는 옛날 친구들을 만날 때는 특별히 옷차림에 ________________.
• 아나운서는 발음에 ________________ 뉴스를 정확하게 전달했다.
• 가: 이 식당은 음식 값이 너무 비싸. 다른 데로 가자.
나: 오늘은 내가 살 테니까 ________________ 마음대로 시켜.

(2) • 내가 번번이 약속에 늦자 친구는 ________________ 화를 냈다.
• 골을 넣은 선수들은 더 ________________ 빠르게 공격해 왔다.
• 가: 이번에 남편분이 새로운 사업을 시작하신다면서요?
나: 네. 요즘 사업 준비에 ________________ 매일 새벽에 들어와요.

(3) • ________________란 값이 같다면 품질이 좋은 것을 선택한다는 뜻입니다.
• ________________라고 이왕이면 디자인이 예쁜 것이 더 좋지요.
• 가: 면접 한 번 보는 데 화장에 머리 손질에 피부 관리까지, 정말 신경 쓸 일이 많네요.
나: ________________라는 말도 있잖아요. 비슷한 조건이라면 더 호감 가는 외모가 유리하지 않을까요?

02 빈칸에 알맞은 관용 표현을 골라 쓰십시오.

- 신경(을) 끊다: 어떤 일에 더 이상 관심을 두지 않거나 생각하지 않다.
- 신경이 굵다: 어지간한 일에는 자극을 받지 않을 정도로 대범하다.
- 신경이 가늘다: 사소한 일에도 자극을 받을 정도로 너무 세심하고 소심하다.

(1) 친구는 ________________ 웬만한 일은 걱정도 하지 않는다.
(2) 나는 ________________ 편이어서 작은 소리에도 쉽게 잠을 깬다.
(3) 시험에 떨어진 후 나는 좋아하는 연예계 소식이나 방송 프로그램에도 ________________ 공부에만 집중했다.

A/V-건 말건

03 다음 기사의 제목을 보고 '-건 말건'을 사용하여 대화를 완성하십시오.

(1) **'눈 화장에 렌즈에……' 여성 각막 손상 위험 심각**

가: 최근 각막염으로 진료를 받은 여성이 남성보다 2배 정도 많다는 기사를 봤어요.

나: 눈에 나쁘건 말건 눈 화장을 하고 렌즈까지 끼니까 그렇지요.

(2) **값비싼 유아용품, 불경기에도 잘 팔려**

가: 어제 백화점에 갔다가 유아용품 가격을 보고 깜짝 놀랐어.

나: ____________________ 무조건 좋은 것만 주고 싶은 부모의 마음을 마케팅에 이용한 거지.

(3) **백팩족이 지하철 민폐로 등극**

가: 지하철에서 배낭을 등에 메는 행동은 앞으로 주의해야겠어요.

나: 맞아요. 다른 사람에게 ____________________ 가방을 뒤로 메는 것은 복잡한 지하철에서는 예의 없는 행동이라고 생각해요.

(4) **북극곰 개체 수 절반 가까이 감소, 지구 온난화 때문**

가: 지구가 따뜻해지니까 북극곰이 먹을 것과 살 곳이 부족해져서 절반에 가까운 숫자가 사라졌대.

나: 이게 다 인간들 때문이야. 환경이 ____________________ 무분별하게 에너지를 사용해서 이런 결과가 생긴 거지.

(5) **대기업 채용 변화, 스펙 관련 항목 일제히 삭제**

가: 앞으로 대기업에서 학벌이나 성적 같은 스펙 대신 일에 적합한지를 보고 사람을 뽑는다는 뉴스 봤어?

나: 진작 그렇게 했어야지. 실제 업무 능력이 ____________________ 겉으로 나타나는 스펙만 보고 사람을 뽑는 건 잘못된 거야.

A/V-기는 하다

04 '-기는 하다'를 사용하여 대화를 완성하십시오.

(1) **결혼은 천천히 하는 게 낫다**

"결혼은 일찍 하는 것보다 천천히 하는 게 낫다고 생각합니다. 결혼하면 자기 시간을 갖기가 힘들어지기 때문에 결혼 전에 하고 싶은 일을 다 해 보고 결혼하는 것도 늦지 않습니다."

"소영 씨의 말도 **맞기는 하지만** 저는 조금 다르게 생각합니다. 원하는 때에 좋은 사람이 기다리고 있는 것도 아니고 특히 여자의 경우는 젊을 때 아기를 낳아야 더 건강하다는 말도 있습니다."

(2) **건강을 위해서는 채식을 해야 한다**

"육식을 하면 비만, 심장병, 혈액 질환 등의 병에 걸리기 쉽기 때문에 채식을 해야 한다고 생각합니다. 상우 씨는 채식의 좋은 점을 알고 계십니까?"

"네, 저도 채식이 몸에 좋다는 것을 ____________________. 그렇지만 채식만 했을 경우 몸에 필요한 영양소를 골고루 섭취할 수 없기 때문에 육식도 필요하다고 생각합니다."

(3) **싼 게 비지떡이다**

"저는 이 말에 동의합니다. 얼마 전에 학교 앞에서 한 켤레에 500원하는 양말을 산 적이 있는데 하루 만에 구멍이 나서 못 신게 되었습니다."

"저도 싼 값에 물건을 샀다가 후회한 적이 ____________________. 그렇지만 5천원 짜리 티셔츠를 5년 동안 잘 입고 있는 경우도 있습니다 . 싸다고 해서 ____________________."

(4) **취업에 성공하려면 외모 관리도 필요하다**

"저는 이 말에 동의합니다. ____."

"____."

A/V-(으)ㄹ 따름이다

05 상황에 맞는 단어를 골라 쓰십시오.

감사하다	죄송하다	놀랍다	답답하다	슬프다	당황스럽다

(1) 바쁘신 사장님께서 내 결혼식에 참석해 주셨다. → 감사할 따름이다.

(2) 수업 시간에 맨날 잠만 자던 친구가 시험에 합격했다. → ______________.

(3) 식당에서 밥을 먹고 나서 계산하려고 보니 지갑이 없다. → ______________.

(4) 십 년 동안 같이 살았던 친구가 고향으로 돌아간다. → ______________.

(5) 장학금을 못 받아서 부모님 얼굴을 뵐 면목이 없다. → ______________.

(6) 사용 방법을 여러 번 설명해도 친구가 이해를 못 한다. → ______________.

06 '-(으)ㄹ 따름이다'를 사용하여 문장을 완성하십시오.

(1) 오빠는 아무 말도 없이 아버지께서 하시는 말씀을 그저 가만히 듣고 있을 따름이었다.

(2) 할머니께서 돌아가셨다는 소식을 들은 친구는 눈물만 ______________.

(3) 내가 이 직업을 선택한 특별한 이유는 없다. 그냥 좋아서 ______________.

(4) 나는 공부를 별로 좋아하지 않는다. 부모님이 하라고 해서 ______________.

(5) 면접시험에 떨어졌다는 연락을 받은 언니는 그저 하늘만 ______________.

(6) 용돈이 다 떨어진 나는 사고 싶은 옷을 사지 못하고 ______________.

읽고 쓰기

다음 중에서 한 개의 기사를 골라 자신의 생각을 덧붙여서 써 봅시다.

외모 가꾸는 남자들, 큰손으로 떠오른 3040
여성보다 더 꼼꼼하게 외모를 관리하는 직장 남성이 화장품·패션 시장을 이끌고 있다.

과외 아르바이트 구하기마저…… 외모가 '스펙' 시대
과외 중개 사이트가 늘어나고 불황이 계속되면서 대학생 과외가 예전만한 인기를 끌지 못하게 되자 업체들의 외모 마케팅이 극성을 부리고 있다.

외모 안 되면 가입도 못하는 '소개팅 앱' 등장
외모를 주로 평가하는 가입 심사에 통과해야 회원이 될 수 있는 스마트폰 애플리케이션이 등장해 논란이 일고 있다.

[보기]
과외 아르바이트 구하기마저…… 외모가 '스펙' 시대
과외 중개 사이트가 늘어나고 불황이 계속 되면서 대학생 과외가 예전만큼의 인기를 끌지 못하게 되자 업체들의 외모 마케팅이 극성을 부리고 있다. 잘 나온 사진을 프로필에 첨부하면 학부모의 의뢰가 많아질 뿐 아니라 사이트에서 노출되는 빈도가 높아질 수 있다는 것이 과외 중개 사이트들의 입장이다. 그러나 현실은 공급에 비해 수요가 부족한 상황이다 보니 과외 시장에서조차 외모가 스펙이 되는 것이다. 이러한 현상은 외모 지상주의를 조장한다는 비판을 받고 있다.

5-2 고령화 사회 현대 사회 5

어휘

01 빈칸에 알맞은 단어를 골라 쓰십시오.

수명	저출산	부담	대책	양육비

최근 들어 고령화는 한국의 심각한 사회적 문제이다. 의학이 발달하고 식생활이 좋아지면서 평균 (1)__________이/가 길어졌다. 그러나 퇴직한 노인들을 위한 일자리는 부족한 실정이어서 노후 (2)__________을/를 세우지 못하고 노년을 맞이한 노인들은 경제적 어려움을 겪고 있다. 그리고 이것은 아이를 적게 낳거나 낳지 않는 (3)__________ 현상으로 이어진다. 자녀를 기르는 데 드는 (4)__________이/가 적지 않은 데다가 부모까지 모시게 되면 경제적인 (5)__________이/가 더욱 커지기 때문이다. 고령화는 경제 성장에도 부정적인 영향을 끼치므로 이에 대한 대책이 시급하다.

02 빈칸에 공통으로 들어갈 단어를 골라 쓰십시오.

비단	마냥	한창	턱없이	미처

(1) • 학교 뒷산에 벚꽃이 __________ 피었는데 같이 구경하러 안 갈래?
• 중요한 시험을 앞두고 친구는 요즘 공부에 __________ 열중이다.

(2) • 학교에 다녀온 누나는 나에게 __________ 짜증을 냈다.
• 여행 경비가 __________ 모자라서 여행을 갈 수 있을지 모르겠어.

(3) • 아이를 낳기 전에는 어머니가 얼마나 고마운 존재인지 ____________ 몰랐다.

• 어릴 때에는 ____________ 알지 못했던 사실을 어른이 되고 나니 알 것 같다.

(4) • 세대 간의 갈등은 ____________ 오늘날에만 나타나는 현상이 아니다.

• 시험 문제가 어려워서 시험을 잘 못 본 사람이 ____________ 나뿐만이 아닐 것이다.

(5) • 언제까지 소영 씨를 ____________ 기다리기만 할 거야?

• 십 년 만에 만난 동창들은 ____________ 웃고 떠들며 시간 가는 줄 몰랐다.

03 빈칸에 공통으로 들어갈 단어를 골라 쓰십시오.

변변하다	차지하다	겪다	개발하다	대응하다

(1) • 사람은 직접 ____________ 보지 않고는 어떤 사람인지 모른다.

• 세계적인 경제 위기로 자동차 수출에 어려움을 ____________ 있다.

(2) • 오랜 노력 끝에 우리 팀이 드디어 우승을 ____________.

• 이번 프로그램 신청자 중에 여학생이 절반을 ____________ 걸 보니 놀랍네요.

(3) • 아버지는 어릴 때 너무 가난해서 ____________ 옷 한 벌이 없었다고 한다.

• ____________ 않은 집안에서 훌륭한 인물이 나오면 '개천에서 용 났다'라고 한다.

(4) • 의류 회사에서는 유행의 변화에 빠르게 ____________ 디자이너를 선호한다.

• 한국어를 배우다 보면 모국어 단어와 정확하게 ____________ 않는 경우도 있어요.

(5) • 정부는 주택 부족 문제를 해결하기 위해 수도권 주변을 ____________ 했다.

• 아이에게 책을 많이 읽게 하면 창의력을 ____________ 데에 도움이 될 수 있다.

04 빈칸에 공통으로 들어갈 단어를 골라 쓰십시오.

재취업　　노후 대책　　노인 복지　　실버산업　　생산 인구

(1) 출산과 가사, 육아 등으로 직장을 그만두었던 여성들의 ______________ 을/를 돕기 위해 정부에서는 여러 가지 프로그램을 마련하고 있다. 직업 교육, 구인 구직 상담, 사후 관리 등의 종합적인 취업 지원 시스템을 제공하여 경력 단절 여성들이 ______________에 성공하는 경우가 늘고 있다.

(2) 노후에 대한 불안감이 50·60대의 소비 욕구를 억누르고 있는 것으로 나타났다. 곧 은퇴를 맞이하는 이 세대는 미래를 위해 돈을 아낄 수밖에 없다는 분석이다. 이에 대해 전문가들은 은퇴 시기를 늦추거나 이들이 경제 활동에 계속 참여할 수 있도록 하기 위해 ______________이/가 필요하다고 말한다.

(3) 평균 수명이 길어지면서 노인들을 대상으로 하는 제품이나 서비스가 많이 늘어날 것이라는 전망이다. 조사 결과에 따르면 2010년 22조 원 정도였던 한국의 ______________ 시장 규모는 2018년 84조 원으로 급증할 것으로 보인다. 이에 따라 경제력을 갖춘 노인들도 대거 등장할 것이라고 전문가들은 전망했다.

(4) 한국 노인들의 빈곤율은 OECD 국가 중에서 가장 높으며 노년층의 삶의 만족도 또한 모든 연령대 가운데 가장 낮다. 정부는 노인의 일자리를 많이 만들고 연금을 지급하며 의료 서비스를 강화하는 등 ______________ 정책을 만들고 있지만 아직 부족한 실정이다.

(5) 저출산의 영향으로 일을 할 수 있는 15세에서 64세의 ______________이/가 지속적으로 감소하고 있다. 이 말은 생산력이 저하된다는 뜻이다. 이는 고령화와도 깊은 관계가 있기 때문에 국가 경쟁력을 향상시키기 위해서는 대책 마련이 시급하다.

A/V-(으)ㄴ/는 반면(에)

01 다음 대화를 읽고 문장을 완성하십시오.

(1)

가: 학벌, 외국어, 자격증에 외모까지……. 취업하기가 점점 더 어려워지는 것 같아요.

나: 구직자의 조건을 따지는 회사가 많지만 요즘은 그런 것을 보지 않는 회사도 있대요.

→ 구직자의 조건을 따지는 회사가 있는 반면에 그런 것을 보지 않는 회사도 있다.

(2)

가: 한국의 출산율이 OECD 국가 중에서 가장 낮대요. 아이를 안 낳아서 정말 걱정이에요.

나: 출산율은 낮은데 고령 인구는 많으니까 앞으로 일할 사람이 없을까 봐 그게 더 걱정이네요.

→ ______________________ 고령 인구는 많아서 일할 사람이 없는 게 걱정이다.

(3)

가: 물가가 자꾸 오르니까 남편 혼자 벌어서는 생활하기가 힘들어요.

나: 맞아요. 안 오르는 건 월급밖에 없다는 말도 있을 정도예요.

→ 물가는 ______________________.

(4)

가: 요즘 사람들이 밥을 많이 안 먹나 봐요. 뉴스를 보니까 쌀 소비량이 사상 최저래요.

나: 맞아요. 농업 기술이 발전해서 쌀 생산량은 늘었는데 소비량은 오히려 줄어서 농민들이 걱정이 많다고 들었어요.

→ ______________________.

V-(으)ㅁ에 따라(서)

02 관계있는 것을 연결하고 '-(으)ㅁ에 따라(서)'를 사용하여 문장을 완성하십시오.

(1) 사회가 고령화되다 •	• 실업률이 감소하고 있다
(2) 1인 가구가 늘어나다 •	• 생산 가능 인구가 줄고 있다
(3) 건강에 대한 관심이 증가하다 •	• 건강식품 판매량이 늘었다
(4) 경기가 회복되다 •	• 출산율이 저조해지다
(5) 결혼 연령이 늦어지다 •	• 소형 주택의 인기가 높아지고 있다

(1) ______________________________.

(2) ______________________________.

(3) ______________________________.

(4) ______________________________.

(5) ______________________________.

03 기사 제목을 읽고 문장을 완성하십시오.

(1) **황사 심해져 마스크 판매 급증**

➜ 황사가 심해짐에 따라 마스크 판매량이 급속하게 늘고 있다.

(2) **영화 '사랑' 입소문 타면서 관객 500만 돌파**

➜ ______________________ 관객이 점점 늘어서 500만 명을 넘어섰다.

(3) **비만 인구 10년 새 5배 증가, 성인병도 덩달아**

➜ ______________________ 고혈압이나 당뇨병과 같은 성인병도 같이 증가하였다.

(4) **정부가 새 부동산 정책 내 놓자 집값 상승**

➜ ______________________ 이에 대한 기대 심리 때문인지 집값도 상승하고 있다.

(5) **날씨가 포근해져 너도 나도 봄나들이**

➜ ______________________ 겨울 동안 집에만 있던 사람들이 밖으로 나들이를 나오고 있다.

A/V-(으)니

04 '-(으)니'를 사용하여 대화를 완성하십시오.

(1) 가: 오늘 날씨 진짜 춥네.

나: 일기 예보에서 날이 **풀린다고 했으니** 내일부터는 따뜻해질 거야.

(2) 가: 전화한다더니 왜 연락이 없어?

나: 지금은 ______________________ 저녁에 다시 전화할게.

(3) 가: 내가 사 줄 테니까 한번 골라 봐. 어떤 옷이 마음에 들어?

나: 옷들이 ______________________ 고르기가 어렵네.

(4) 가: 와, 이 많은 음식을 다 네가 만들었어?

나: 네. 솜씨는 없어도 ______________________ 한번 드셔 보세요.

(5) 가: 얼굴이 왜 그렇게 안 좋아요?

나: 아르바이트를 하는데 ______________________ 허리와 다리가 많이 아파요.

다음 글을 읽고 빈칸에 알맞은 문장을 써 봅시다.

정부는 출산율이 낮은 이유를 만혼으로 보고 결혼을 일찍 하도록 유도해 지금의 저출산 위기를 극복하겠다는 '만혼 대책'을 내놓았다. 이번 만혼 대책에서 눈길을 끄는 부분은 이전에 나온 저출산·고령화 대책들에서 중요하게 다루어지지 않았던 청년의 고용률 확대를 핵심 과제로 끄집어낸 것이다. 청년층의 빠른 사회 진출을 지원해 안정적으로 자리 잡을 수 있도록 도움으로써 결혼까지 할 수 있도록 하겠다는 게 정부의 목표이다.

(1) 정부는 출산율이 낮은 이유를 결혼을 .... 때문인 것으로 분석했다. 그래서 미혼 남녀들이 결혼을 일찍 할 수 있도록 하기 위해서 '만혼 대책'을 세웠다. 이 대책 에서 가장 중요한 점은 .... 이다. 청년들이 직장에 빨리 .... 정부가 도와주면 결혼도 할 수 있고 결혼을 빨리 하게 되면 아이도 낳을 것이라는 예측에 서 비롯된 것이다.

과연 청년 고용률 확대를 통해 만혼율을 낮출 수 있을까. 그 답을 짐작할 수 있는 설문 결과가 나왔다. '~만 해주면 결혼한다'는 최소한의 결혼 조건을 묻는 질문에 응답자의 절반 이상이 '직장만 안정적이면 결혼한다(55.3%)'고 답했다. 취업을 준비 중인 강창수(29·남) 씨는 '취업도 못하고 있는데 결혼은 꿈도 꿀 수 없다'며 '요즘 같은 시기에 부모님께 손 벌리는 것도 죄송하고 취업이라도 잘해야 대출을 받아 결혼 자금에 보탤 수 있다'고 말했다. 젊은 미혼 여성도 크게 다르지 않았다. 대기업 인턴사원으로 일하다가 최근 계약이 끝난 이시경(26·여) 씨도 '함께 취업을 준비하는 친구들 중에도 제대로 된 곳에 정규직으로 취업한 뒤 결혼하겠다는 사람들이 많다'고 했다.

(2) 최소한의 결혼 조건에 대해 설문 조사한 결과 .... 는 의견이 과반수를 넘었다. 취업을 준비하고 있는 '강창수' 씨도 .... 결혼을 못 하고 있다고 했으며 대기업 인턴사원으로 일했던 '이시경' 씨도 정규직이 된 후에 결혼하겠다고 했다. 이러한 사실을 통해 .... 을/를 알 수 있다.

더 배워 봅시다

관용어 5

01 판에 박은 듯하다

사물의 모양이 같거나 똑같은 일이 되풀이되다.

예 하루하루가 **판에 박은 듯** 단조롭기 짝이 없다.
자매의 얼굴이 **판에 박은 듯해서** 누가 언니고 누가 동생인지 모르겠다.

02 풀이 죽다

활기나 기세가 꺾이다.

예 친구가 면접에 떨어져서 **풀이 죽어** 있길래 힘내라고 응원해 주었다.
폭우로 인해 물에 잠긴 논을 바라보는 농부의 모습은 **풀이 죽다** 못해 절망적이었다.

03 한 배를 타다

운명을 같이하다.

예 우리는 이제 **한 배를 탔으니** 낙오되는 사람 없이 끝까지 함께 합시다.
제주도에서는 고품질의 감귤 생산을 위해 농업인 단체와 농가가 **한 배를 탈** 것이라고 발표했다.

04 허리띠를 졸라매다

검소한 생활을 하다.

예 안정된 노후 생활을 즐기고자 **허리띠를 졸라매는** 중장년층이 늘고 있다고 한다.
이리저리 **허리띠를 졸라매** 봐도 치솟는 물가 때문에 살림살이가 힘겹네요.

※ 알맞은 말을 넣어 대화를 완성하세요.

(1) 가: 민호야, 왜 이렇게 ____________________? 무슨 일 있어?
나: 우리 집 강아지가 집을 나갔어. 5년 동안 가족처럼 지냈는데…….

(2) 가: 지난달에 신용카드를 너무 많이 썼나 봐. 이번 달에는 ____________________.
나: 좀 아껴 쓰도록 해. 너 그러다가 빈털터리 되면 어쩌려고 그래?

(3) 가: 한·중 합작 드라마인 '내 사랑 그대'가 10일에 첫 방영된다면서요?
나: 네. 한국 제작진과 중국 제작진이 ____________________ 열심히 만들었습니다. 많은 시청 부탁드립니다.

(4) 가: 요즘 '셀프 웨딩'을 하는 커플들이 늘고 있다고 하는데요. 그 이유가 뭐라고 생각하십니까?
나: 남들과 똑같이 ____________________ 결혼식을 하기보다 추억으로 남을 수 있는 결혼식을 하고 싶어 하기 때문인 것 같습니다.

• 대학 생활 TIP

노트 필기 잘하는 법 4

• 노트를 반으로 나누어라

노트를 반으로 나누어 활용하면 좋다. 특히 단어장으로 공부할 때 유용하다. 반으로 접은 오른쪽 부분을 덮어 자신이 필기 내용을 암기하였는지 점검할 때 활용할 수 있다. 또한 약간의 여백을 두고 필기를 해 두면 질문 내용이나 어려운 내용에 대한 보충 설명 등을 여백을 이용하여 정리할 수 있다.

살아있는 한국어 워크북 5

제 6 과

한국의 전통

6-1 한국의 전통

어휘

문법 및 표현
- A/V-(으)면서도
- N치고(는)
- V-아/어 내다
- A/V-고 해서

읽고 쓰기

6-2 한국의 명소

어휘

문법 및 표현
- V-(으)ㄹ세라
- A-기 그지없다
- V-고 보니
- N(이)며 N(이)며

읽고 쓰기

더 배워 봅시다

접두사 접미사 1

6 한국의 전통

6-1 한국의 전통

어휘

01 빈칸에 알맞은 단어를 골라 쓰십시오.

기록유산	무형유산	문화유산	자연유산

우리가 물려받은 유산이 파괴되거나 사라지고 있다. 그래서 유네스코에서는 인류가 꼭 보존해야 할 가치가 있는 세계유산을 선정해서 특별히 관리해 오고 있다. 세계유산은 크게 네 가지로 분류할 수 있다. (1)____________에는 역사적, 과학적, 예술적으로 세계적인 가치를 지니는 건축물, 유적지, 조각, 그림 등과 같은 것이 해당되며, (2)____________은 과학적이거나 미적으로 중요한 가치를 지닌 자연, 보존해야 할 가치가 있는 동식물의 서식지를 말한다. (3)____________은 인간의 창조적 재능이 담겨 있는 유산 중에서 선정한다. 예를 들어 언어, 문학, 음악, 춤 등의 예술 형태가 포함된다. (4)____________에는 기록이 담긴 자료, 전통적인 움직임과 현재의 영상 이미지, 오디오, 비디오 등이 포함된다.

02 빈칸에 알맞은 단어를 쓰십시오.

한(韓)	음식	➜	(1) <u>한식</u>	한국의 전통 음식
	옷	➜	(2)____	한국의 전통 옷
	집	➜	(3)____	한국의 전통적인 형식으로 지은 집
	종이	➜	(4)____	한국의 전통적인 방법으로 만든 종이
	의학	➜	(5)____	한국에서 발달한 전통 의학

03 빈칸에 알맞은 단어를 모두 골라 쓰십시오.

(1)

- 시어머니는 장 담그는 비법을 며느리에게 ________.
- 어머니는 할머니께서________ 반지를 소중히 간직하셨다.
- 그는 아들에게만은 가난을 ________ 싫지 않았다.

(2)

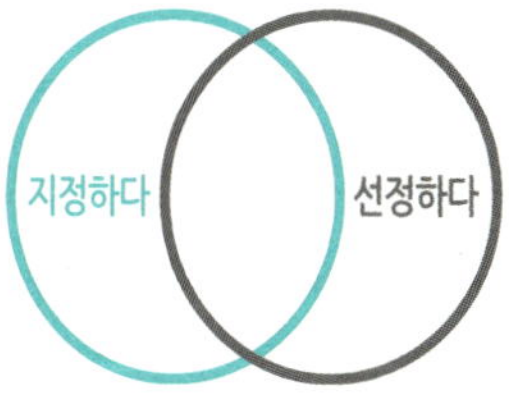

- 정부에서는 한글날을 다시 공휴일로 ________.
- 목록에 제시된 논문 중에서 한 편을 ________ 읽어 오도록 하세요.
- 학교에서는 매월 한 개의 주제를 ________ 학생들과 교사들이 함께 토론을 하고 있다.

(3)

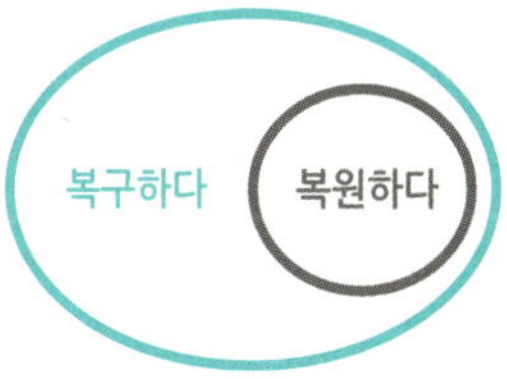

- 훼손된 문화재를 ________ 많은 노력과 시간이 필요하다.
- 지진으로 파괴된 도시를 ________ 데 모든 국민이 힘을 모았다.
- 산사태로 인해 끊어진 도로를 ________ 위해 마을 사람들이 뭉쳤다.

04 빈칸에 공통으로 들어갈 단어를 골라 쓰십시오.

젖다	질기다	부드럽다

(1)
- 소영 씨는 마음씨만큼이나 목소리도 ________ 상냥했다.
- 인절미를 만들 때 사용할 콩가루가 아주 ________ 갈렸다.
- 신발을 벗고 맨발로 잔디밭을 걸으니 잔디가 ________ 발에 밟혔다.

(2)
- 운동을 했더니 옷이 땀에 흠뻑 ________.
- 40년 만에 고향 땅을 다시 밟으신 할아버지는 감격에 ________ 눈물을 흘리셨다.
- 낡은 사고 방식에 ________ 있으면 새로운 문화를 받아들이기가 어렵다.

(3)
- 고기가 너무 ________ 먹기가 어렵다.
- 동생은 울음이 얼마나 ________ 한번 울기 시작하면 그칠 줄을 모른다.
- 청바지는 ________ 특성 때문에 거친 일을 하는 광부들 사이에서 인기를 끌었다.

문법 및 표현

A/V-(으)면서도

01 광고 문구를 보고 '-(으)면서도'를 사용하여 대화를 완성하십시오.

(1) 초경량 대화면 KM 노트북
화면은 더 크게, 무게는 더 가볍게

가: 이 노트북 컴퓨터는 전에 나온 것보다 더 커져서 무겁겠는데요.
나: 아닙니다. ______________________. 한번 들어보시겠어요?

(2) 건강한 설탕, 자일로스
단맛은 그대로, 칼로리는 낮췄다!

가: 이건 우리가 먹는 일반적인 설탕과 뭐가 다른가요?
나: 기존의 설탕과 비교해서 우리 몸에 흡수되는 양이 적습니다. 단맛은 ______________
______________ 건강에 더 좋습니다.

(3) 겨울을 잡아라
두께는 반으로, 보온성은 배로

가: 이 패딩 점퍼는 너무 얇은데 춥지 않을까요?
나: 이 점퍼는 이번에 저희 회사에서 개발한 신제품입니다. ______________________
이 제품의 특징입니다.

(4) 필요한 것은 무엇이든지 '다있어'
저렴한 가격, 높은 품질

가: 물건의 종류가 많아서 좋기는 한데 너무 싸지 않아? 아무래도 품질이 별로 좋지 않을 것 같아.
나: 나도 여기에서 물건을 자주 사는데 괜찮았어. ______________________
손님들이 많은걸.

N치고(는)

02 '치고(는)'을 사용하여 대화를 완성하십시오.

(1) 가: 몸은 좀 어떠세요? 교통사고 소식 듣고 깜짝 놀랐어요.
나: ______________________. 걱정해 주셔서 감사합니다.

(2) 가: 제주도 여행을 다녀오셨다면서요? 춥지는 않으셨어요?
나: ______________________. 가져갔던 두꺼운 코트를 입을 일이 없더라고요.

(3) 가: 여주인공 역을 맡은 박소라 씨에 대한 관객들의 관심이 뜨겁습니다. 이번이 첫 작품이라고 들었는데요. 감독님께서는 박소라 씨의 연기를 어떻게 보셨습니까?
나: ______________________. 본인이 열심히 노력한 결과라고 봅니다.

(4) 가: 'KM5'가 수입차 중에서 판매량이 가장 높은 것으로 나타났습니다. 그 이유가 무엇이라고 생각하십니까?
나: 물론 성능도 뛰어나지만 무엇보다도 가격 면에서 경쟁력이 있기 때문이라고 봅니다. KM5는 ______________________.

03 대화를 완성하십시오.

(1) 가: 사탕을 주니까 울음을 금세 그치네요.
나: 그럼요. 아이치고 ______________________.

(2) 가: 초콜릿을 안 좋아하다니 좀 신기하네요. 여자치고 ______________________.
나: 뭐든지 예외는 있는 법이잖아요.

(3) 가: 한국에 오기 전에는 한국 사람치고 ______________________ 생각했어. 그런데 의외로 김치를 싫어하는 사람이 있어서 좀 놀랐어.
나: 일본 사람 중에도 회를 싫어하는 사람이 있잖아. 그렇게 생각하면 이상한 일도 아니지.

(4) 가: 어제 공원 근처에 있는 애견숍에 갔는데 사장님이 정말 친절하고 좋더라. 사장님 성격이 좋아서 손님이 더 많은 것 같아.
나: 원래 동물 좋아하는 사람치고 ______________________.

V-아/어 내다

04 다음을 읽고 '-아/어 내다'를 사용하여 인터뷰 내용을 완성하십시오.

(1) 15년간 국가 대표팀 선수로 축구장을 뛰어다녔던 김두리 선수가 어제 마지막 경기를 가졌다. 그의 경기를 지켜보던 많은 팬들은 김두리 선수의 은퇴를 아쉬워하며 눈물을 흘렸다. 인터뷰에서 김두리 선수는 자신 역시 슬펐지만 입술을 깨물며 눈물을 참았다고 말했다. 그리고 한 사람의 축구팬으로 돌아가 한국 축구를 열심히 응원하겠다는 말도 남겼다.

"저도 울고 싶었지만 눈물을 참아 냈습니다. 앞으로 한 사람의 축구팬으로 돌아가 한국 축구를 열심히 응원하겠습니다."

(2) 봄이 되면서 오후 시간이 되면 졸음이 쏟아진다는 직장인들이 많아지고 있다. 이것은 겨울 동안 떨어졌던 신진대사 기능이 봄을 맞아 활발해지면서 생기게 되는 일종의 피로 증상이다. 그렇다면 졸음을 이길 수 있는 방법에는 무엇이 있을까? 바로 봄철 채소를 먹는 것이다. 봄철 채소에는 비타민이 풍부해서 피로를 푸는 데 도움이 된다.

"봄철 채소에는 비타민이 풍부합니다. ______________________."

(3) 유기농으로 농사를 짓는다는 것은 결코 쉬운 일이 아니다. 힘들게 키운 딸기가 병에 걸렸다고 가정하자. 한 번만 농약을 치면 딸기가 사는데 그냥 두면 다 죽고 만다면 당신은 어떻게 하겠는가? 국내 최대 유기농 건강 음료 회사의 사장인 권기현 씨는 그 '한 번'의 유혹을 버티는 것이 유기 농업의 시작이라고 말한다.

"유기농으로 농사를 짓는 건 무척 힘듭니다. ______________________."

(4) 배우 정규리가 과거 오디션에서 고배를 마셨던 경험을 고백했다. 정규리는 신인 시절 한 오디션에서 배우가 될 소질이 없다는 충격적인 말을 들었다고 한다. 그러나 그 말에 좌절하지 않고 오히려 더 열심히 연습하고 준비했다고 한다. 그렇게 힘든 시간을 견딜 수 있었던 것은 바로 배우가 되고 싶다는 꿈이 있었기 때문이었다고 한다.

"오디션에 떨어질 때는 물론 힘들었습니다. 그러나 ______________________."

A/V-고 해서

05 관계있는 것을 연결하고 '-고 -고 해서'를 사용하여 대화를 완성하십시오.

주차가 편하다 •	• 회사 분위기에도 적응을 못하다
자원을 재활용하다 •	• 춤 실력까지 대단하다
가창력이 뛰어나다 •	• 환경도 보호할 수 있다
업무 파악이 안 되다 •	• 유지비도 적게 들다
기분 전환에 도움이 되다 •	• 좋은 얘기를 들으면 희망이 생기다

(1) 가: 굳이 경차를 고집하는 이유가 있으신가요?
　나: 큰 차에 비해 ________________ 저는 경차를 이용하는 편입니다.

(2) 가: 새 것을 사는 것보다 더 번거로운 작업일 텐데 왜 리폼을 하세요?
　나: 환경에 대한 관심 때문이죠. ________________
　번거로워도 리폼을 하고 있습니다.

(3) 가: 외국인들이 한국 가수들의 노래를 좋아하는 게 참 신기하게 느껴져. 혹시 외모 때문일까?
　나: 물론 외모도 좋지만 ________________
　한국 가수들의 매력에 빠진 사람들이 많아.

(4) 가: 얼마 전까지만 해도 직장 생활이 힘들다더니 요즘은 그 말을 안 하더라. 이젠 좀 괜찮아졌니?
　나: 응. 처음 입사해서는 ________________
　힘들었는데 이젠 많이 익숙해져서 괜찮아.

(5) 가: 너는 타로 점을 자주 보더라. 내 생각엔 근거도 없는 미신일 뿐인데 너는 왜 타로 점이 좋은 거니?
　나: 타로 점을 보면 ________________
　긍정적인 힘을 얻을 수 있거든.

1과 여론과 대중
2과 전설과 속담
3과 취미와 여가
4과 생태와 환경
5과 현대 사회
6과 한국의 전통
7과 소비와 경제생활
8과 한국의 문학
9과 풍속과 음식
10과 대학 생활

읽고 쓰기

다음 내용을 참고로 판소리를 설명하는 글을 써 봅시다.

	동편제	서편제
지역	섬진강 동쪽 전라도 동북지역	섬진강 서쪽 전라도의 서남지역
기교	기교보다는 소리 자체를 중요시함	발성의 기교를 중요시하며 다양한 기교를 부림
소리	호령하는 듯한 남성적인 호령조 중심	부드러우면서도 애절한 여성적인 설움조 중심
시작	장중하게 시작	부드럽게 시작
끝	끝마침이 명확함. 남성적	소리의 끝이 늘어짐. 여성적

판소리는 북 장단에 맞추어 소리꾼이 대사와 소리(노래)로 이야기를 엮어 가는 한국 고유의 음악 장르이다. 판소리라는 말은 '여러 사람이 모인 장소'라는 뜻의 '판'과 '노래'를 뜻하는 '소리'가 합쳐진 말이다.

판소리는 전라도 지역을 중심으로 발전하였는데 크게 동편제와 서편제로 나눈다. 이는 전라도 지역을 섬진강을 기준으로 동쪽과 서쪽으로 나눈 데서 유래한 것이다. 섬진강의 동쪽 지역을 중심으로 발전한 동편제가 기교보다는 소리 자체를 중요하게 여기는 데 반해 ....

....

....

동편제는 ....

....

....

따라서 서편제는 동편제에 비해 슬픈 가락이 많다.

동편제는 장중하게 시작되는 데 반해 서편제는 부드럽게 시작한다. 또한 동편제는 ....

....

....

6-2 한국의 명소 한국의 전통 6

• 어휘

01 빈칸에 들어갈 단어를 쓰십시오.

죽(竹, 대나무)	➜	(1) 죽염, ________, ________
염(鹽, 소금)	➜	(2) 염도, ________, ________
도(度, 정도)	➜	(3) 온도, ________, ________
온(溫, 따뜻하다)	➜	(4) 온실, ________, ________
실(室, 집)	➜	(5) 실내, ________, ________

02 빈칸에 공통으로 들어갈 단어를 골라 쓰십시오.

곧다	굳다	통하다

(1) • 떡이 딱딱하게 ____________ 먹을 수 없다.
• 일단 습관이 ____________ 버리면 바꾸기가 어렵다.
• 어머니는 아들의 성공을 ____________ 믿고 있었다.

(2) • 노래 실력이 뛰어난 상우는 학교에서 가수로 ____________.
• 빨래는 바람이 잘 ____________ 곳에 널어야 잘 마른다.
• 청소년들은 부모님과 대화를 할 때 말이 ____________ 않아 답답하다고 한다.

(3) • 상우는 오랜 시간 동안 ____________ 자세로 의자에 앉아 있었다.
• 아버지는 성격이 ____________ 불의와 절대로 타협하지 않으신다.
• 숲에 들어서자 수백 년 된 나무들이 하늘을 향해 ____________ 뻗어 있었다.

03 빈칸에 알맞은 단어를 골라 쓰십시오.

쑥	쭉	솔솔	졸졸

(1) • 맑은 시냇물이 __________ 흐른다.
• 강아지가 내 뒤를 __________ 따라왔다.

(2) • 형은 종이 위에 빨간 선을 __________ 그었다.
• 길 양쪽으로 __________ 서 있는 메타세쿼이아가 인상적이었다.

(3) • 봄바람이 __________ 부니 기분이 참 좋다.
• 저녁 시간이 되자 시골집 굴뚝에서 연기가 __________ 피어올랐다.

(4) • 동생의 성적이 __________ 올라 가족이 모두 놀랐다.
• 상우는 한참을 머뭇거리더니 갑자기 내게 손을 __________ 내밀었다.

04 빈칸에 공통으로 들어갈 단어를 골라 쓰십시오.

옮기다	이동하다

(1) • 자신의 생각을 글로 __________ 것은 정말 어려운 일이다.
• 밤 11시가 넘어 도서관에서 나온 상우는 무거운 발걸음을 집 쪽으로 __________.

(2) • 학은 겨울이 되면 먹이를 찾아 남쪽으로 __________.
• 농촌에서 도시로 __________ 인구가 해마다 증가하는 추세이다.

달다	달콤하다

(3) • 오랜만에 맛본 휴식은 정말 __________.
• 그는 웃는 얼굴과 __________ 말로 사람들의 마음을 사로잡는다.

(4) • 커피를 너무 __________ 타서 도저히 먹을 수가 없다.
• 밥을 __________ 먹고 잠을 푹 잤더니 피로가 다 풀린 것 같다.

아쉽다	섭섭하다

(5) • 이번 축구 경기는 ____________ 점이 많은 경기였다.
• 열심히 준비했지만 ____________ 시험에 떨어지고 말았다.

(6) • 도와주려고 한 건데 친구가 내 마음을 몰라줘서 정말 ____________.
• 시선을 피하는 아들의 태도에 어머니는 무척 ____________ 모양이었다.

05 다음 정의를 읽고 빈칸에 알맞은 단어를 골라 쓰십시오.

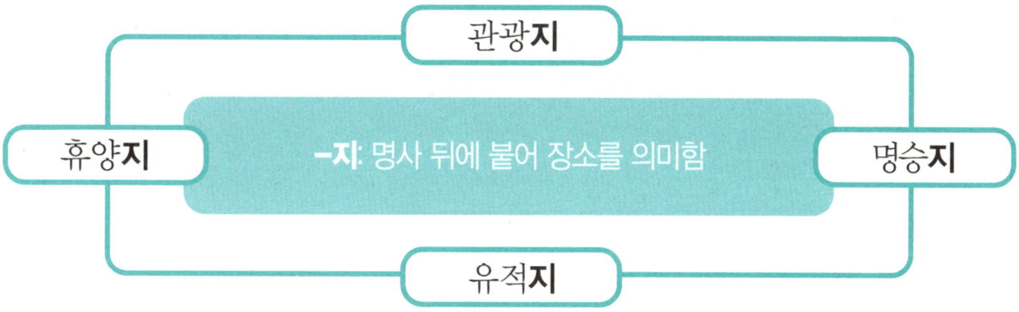

(1) 유적이 있는 곳

➜ 새로 발굴된 ______________에서 신라 시대의 유물이 대량으로 나왔다.

(2) 경치가 좋기로 이름난 곳

➜ 진주 지역의 ______________로는 촉석루가 있다고 하니 잠깐 경치라도 구경하고 가는 게 어떨까요?

(3) 편안히 쉬면서 몸과 마음을 보양하기 알맞은 곳

➜ 이곳저곳 다니기보다는 지친 몸과 마음을 충전할 수 있는 ______________에 가서 푹 쉬었다 오고 싶다.

(4) 경치가 뛰어나거나 온천 등이 있어서 관광할 만한 곳

➜ 보는 여행에서 체험하는 여행으로 바뀌는 추세에 따라 시에서는 갯벌을 '습지 체험장'으로 개발하여 이곳을 ______________로 만들려고 한다.

문법 및 표현

V-(으)ㄹ세라

01 대화를 읽고 '-(으)ㄹ세라'를 사용하여 문장을 완성하십시오.

(1)
가: 저 신부는 왜 드레스를 저렇게 들고 걷는 거예요?
나: 혹시 드레스를 밟을까 봐 걱정이 돼서 그러는 거예요.

➜ 신부는 ______________________________.

(2)
가: 이 호텔은 정말 서비스가 좋은 것 같아요.
나: 호텔을 이용하는 고객들이 작은 불편함이라도 느끼면 안 되니까요. 저희는 보이지 않는 부분까지 신경 쓰고 있습니다.

➜ 호텔 직원들은 ______________________________.

(3)
가: 김효주 씨는 내조의 여왕으로 유명하신데요. 이준혁 선수에게 운전도 못하게 하신다면서요.
나: 네. 다음 날 경기에 지장이 있을까 봐서요. 그렇게 해야 제 마음이 편하거든요.

➜ 아내는 ______________________________.

(4)
가: 원래 이 이야기는 여자 주인공이 죽는 걸로 끝나는데요. 이번에 제작하신 만화 영화에서는 남자 주인공과 행복하게 사는 걸로 바뀌어 있습니다. 결말을 바꾼 이유가 있으신가요?
나: 네. 슬픈 결말로 인해 자칫 아이들 마음이 다칠 수도 있을 것 같아서 행복하게 끝나는 이야기로 바꾸어 보았습니다.

➜ 만화 영화 제작자는 ______________________________.

A-기 그지없다

02 '-기 그지없다'를 사용하여 대화를 완성하십시오.

(1) 가: 선생님께도 새내기 시절이 있으셨을 텐데요. 그때도 지금처럼 수업을 잘하셨나요?
나: 잘하기는요. 실수가 없는 날이 없었지요. 학생들 앞에서 했던 실수를 생각하면 ______________________________.

(2) 가: 이번 음주 운전 사건에 대해 한 말씀해 주시겠습니까?
나: 입이 열 개라도 할 말이 없습니다. 저를 사랑해 주셨던 많은 팬들께 ______________________________. 앞으로는 절대 이런 일이 없도록 하겠습니다.

(3) 가: 수상을 축하드립니다. 감독상에 이어 작품상까지 수상하셔서 기쁨이 더하실 것 같습니다.
나: 네. 정말 기쁩니다. 이 상은 저의 연출력이 아니라 배우들의 뛰어난 연기력 덕분입니다. 주연, 조연 할 것 없이 모든 분들의 연기는 정말 ______________________________.

(4) 가: 아드님이 전쟁 지역에 가서 사람들을 치료하는 일을 하고 있다고 들었는데요. 아버지로서 참 자랑스러우실 것 같습니다.
나: 남이었다면 저 역시 훌륭한 일을 한다고 칭찬을 할 것 같습니다. 그러나 제 자식이다 보니 한편으로는 마음이 ______________________________.

V-고 보니

03 '-고 보니'를 사용하여 대화를 완성하십시오.

(1) 가: 12시에 출발한다더니 왜 이렇게 늦었어? 오다가 사고라도 났어?
나: 아니. 정문 앞에서 버스를 탔는데 ______________________________.

(2) 가: 회사를 그만두고 사업 시작했다면서? 사장님이 된 소감이 어때?
나: 월급 받으며 회사에서 일할 때는 몰랐는데 ______________________________.

(3) 가: 왜 환불하려고 하세요? 디자인이 마음에 안 드세요?

나: 아니에요. 디자인은 마음에 드는데 ______________________________.

(4) 가: 처음부터 소영 씨를 속일 생각은 아니었어요. 사실을 알면 속상해할까 봐 소영 씨한테 말을 못한 거예요.

나: 상우 씨 이야기를 ______________________________. 화를 내서 미안해요.

N(이)며 N(이)며

04 '(이)며 (이)며'를 사용하여 문장을 완성하십시오.

(1)

지진으로 세계문화유산 '와르르'
탑, 사원 등 불교 유적지 훼손 심각

→ 25일 발생한 지진으로 ______________________________.

(2)

한국, 세계무형유산 11건 보유
김장, 판소리, 매사냥 등 세계무형문화유산 등재돼 있어

→ 한국은 ______________________________.

(3)

건강식품 사는 20대, 30대 늘었다
홍삼, 비타민 등 건강식품 구매량 꾸준히 증가

→ ______________________________.

(4)

갈수록 설 자리 잃는 국산 과일
체리, 망고 등 수입 과일에 밀려 판매량 감소

→ ______________________________.

• 읽고 쓰기

다음을 참고하여 아래의 글을 완성하십시오.

여행지	주산지	주왕산
여행지 정보	• 200년 전 만든 저수지 • 영화 '봄 여름 가을 겨울 그리고 봄' 촬영지	• 국립공원 • 매년 5월 초 수달래 축제 개최
본 것	• 시골의 가을 풍경 • 물속에서 자라난 나무들	• 맑은 물이 흐르는 계곡 • 선녀들이 목욕을 했다는 선녀탕 • 하늘 높이 솟아 있는 바위
들은 것	• 영화에 나왔던 절은 자연 보호를 위해 촬영 후 철거하였음	• 죽은 주왕의 피가 계곡에 흘러 수달래로 피어났다는 전설
느낀 것	• 물속에 또 다른 세상이 있는 것 같아 신비로움 • 영화에 나왔던 절을 볼 수 없어 아쉬움	• 수달래가 피어 있는 모습을 보지 못해 아쉬움 • 수달래 축제 때 다시 방문하고 싶음

지난 주말에 청송을 다녀왔다. 경상북도에 위치한 청송은 주산지와 주왕산으로 유명한 곳이다. 대구에서 고속버스로 청송까지 간 후 청송에서 다시 주산지가 있는 마을까지 가는 버스로 갈아탔다. 달리는 버스 창밖으로 본 시골의 가을은 붉게 익어가는 사과와 누렇게 익어가는 벼로 풍요로워 보였다.

주산지는 영화 '봄 여름 가을 겨울 그리고 봄'의 촬영지로 유명한 곳이다. '봄 여름 가을 겨울 그리고 봄'은 내가 처음으로 본 김기덕 감독의 영화였고, 내게 한국이라는 나라를 알려 준 영화다. 그래서 한국에 오게 되면 꼭 가 보고 싶었던 곳이었다.

주산지에 도착했을 때 나는 입을 다물 수가 없었다. 물속에서 자라난 나무들은 마치 요정처럼 물 밖으로 몸을 내밀고 있었고 색색으로 물든 단풍잎은 물 위에 비쳐 꿈속의 풍경처럼 보였다. 마치 물속에 또 다른 세상이 있는 것처럼 느껴져 나는 물속으로 손을 넣어 보았다. 그런데 영화에서 보았던 절이 보이지 않아 다른 관광객에게 물어보았더니 자연 보호를 위해 촬영이 끝난 후 철거했다고 했다. 물 위에 떠 있는 절이 너무나 보고 싶었는데…….

주산지에서 아름다운 경치와 맛있는 음식으로 눈과 배를 채운 나는 주왕산으로 이동했다. 주왕산은 ……………………………………………………………………

…………………………………………………………………………………………….

더 배워 봅시다

접두사 접미사 1

01 군-: '쓸데없는', '덧붙은'의 의미

군말, 군살, 군소리, 군식구, 군침 등

예 이번 경기에서 지더라도 결과에 깨끗이 승복하고 **군말** 않기로 합시다.
'맛있는 TV' 방송에서는 수제 햄버거 맛집을 방송하여 시청자들의 **군침**을 돌게 했다.

02 날-: '익지 않은', '가공하지 않은'의 의미

날고기, 날감자, 날생선, 날가죽 등

예 한여름에 **날생선**을 먹으면 탈이 날 수 있으니 꼭 조리해서 드세요.
짐승의 **날가죽**은 털과 기름을 제거해 내는 무두질을 거쳐야 비로소 쓸모 있는 가죽이 된다.

03 덧-: '더해진', '부가된'의 의미

덧버선, 덧니, 덧칠하다, 덧붙이다, 덧나다 등

예 지금까지 보고 드린 회의 결과에 **덧붙일** 내용이 있으면 말해 주세요.
가게 간판에 얼룩이 져서 어두운 색으로 **덧칠**을 해야겠어요.

04 들-: '몹시, 대단하게, 무리하여', '야생의 품질이 낮은'의 의미

들볶다, 들끓다, 들쑤시다, 들국화, 들장미 등

예 휴가철이 되자 해운대는 피서 나온 인파로 **들끓었다**.
들장미 열매들은 생으로 먹거나 차로 마시기 위해 재배한다.

※ 알맞은 단어를 넣어 대화를 완성하세요.

(1) 가: 지난번에 처방 받은 연고를 발랐는데요. 상처가 낫기는커녕 ______________.
나: 그래요? 그럼 다른 약을 처방해 드릴게요. 당분간 상처 부위를 씻지 마세요.

(2) 가: 육류와 채소를 손질할 때 각각 다른 칼을 사용해야 한다면서요?
나: 그렇습니다. 특히 익히지 않은 ______________을/를 손질할 경우에는 식중독을 유발시킬 수 있는 균들이 많기 때문에 조심하셔야 합니다.

(3) 가: 요즘 '5분 요가'를 하는 사람이 많다고 해요.
나: 네. 간단한 동작으로 ______________을/를 빼고 근육 운동도 할 수 있대요. 오늘부터라도 한번 해 봐야겠어요.

(4) 가: 진우야, 가만히 있는 동생을 ______________ 되겠니? 사이좋게 지내야지.
나: 아니에요, 엄마. 민우가 먼저 때렸단 말이에요.

대학 생활 TIP

노트 필기 잘하는 법 5

• **자신만의 약어나 기호를 활용하라**

일반적으로 알려져 있는 약어나 기호가 있지만 모두에게 다 쉽고 익숙한 것은 아니다. 자신에게 익숙한 약어나 기호를 만들어서 사용하면 강의 내용을 효율적으로 정리할 수 있고, 내용을 요약할 때에도 유용하다. 예를 들면 중요한 것은 별(★), 모르는 것은 물음표(?) 등을 자신만의 기호로 활용하여 정리하는 것이다.

살아있는 한국어 워크북 5

제 7 과

소비와 경제생활

7-1 낭비와 소비

어휘

문법 및 표현
- A/V-다더니
- A/V-고 나면
- A/V-다고 치다
- A/V-(으)ㄴ/는 셈이다

읽고 쓰기

7-2 광고 이야기

어휘

문법 및 표현
- A/V-(으)ㄴ/는가 하면
- A/V-(으)ㄴ/는/(으)ㄹ 듯하다
- A/V-(으)ㄹ지라도

읽고 쓰기

더 배워 봅시다

접두사 접미사 2

7 소비와 경제생활

7-1 낭비와 소비

어휘

01 빈칸에 알맞은 단어를 골라 쓰십시오.

활기**차다**

희망**차다**

-차다: 기운이나 성질을 나타내는 명사의 뒤에서 '가득 차다'는 의미를 나타냄

힘**차다**

보람**차다**

(1) 힘이 있고 씩씩하다.

➔ 가: 와, 저기 ______________ 떨어지는 폭포를 좀 보세요.

나: 정말 보기만 해도 가슴이 뻥 뚫리는 것 같습니다.

(2) 앞일에 대한 기대가 가득하다.

➔ 가: 벌써 한 해가 다 지나가고 다시 ______________ 새해가 밝았네요.

나: 네. 올 한해도 모두 힘을 합쳐 지금보다 더 나아질 수 있도록 잘해 봅시다.

(3) 힘이 넘치고 생기가 가득하다.

➔ 가: 봄을 좋아하는 특별한 이유가 있나요?

나: 봄이 되면 자연은 ______________ 생명감이 넘치니까요.

(4) 어떤 일을 한 뒤에 좋은 결과를 얻어 만족스럽거나 자부심을 가질 만한 가치가 있다.

➔ 가: 방학을 ______________ 보내려면 어떻게 해야 할까?

나: 뭔가 작은 것이라도 한 가지 목표를 정해서 꾸준히 노력하다 보면 결실이 보이지 않을까?

02 빈칸에 알맞은 표현을 골라 쓰십시오.

과소비	충동구매	바자회	벼룩시장

(1) 페르시아어인 '바자르'에서 유래되었다. 상품을 팔아서 이익금을 얻기 위한 일시적인 시장이나 행사이다. 현대에 들어와서는 사회와 공공사업의 자금이 부족할 때 그것을 채우기 위한 목적으로 주로 열린다. (   )

(2) 오래된 물건이나 중고품을 야외에서 사람들이 직접 사고파는 장소를 말한다. 유럽과 같이 환경에 관심이 많은 지역에서 활성화되어 있는데, 특히 프랑스의 노천 시장이 유명하다. 벼룩이 많을 정도로 오래된 물건을 판다고 해서 이름 붙여졌다. (   )

(3) 소득에 비해 소비가 지나치게 많은 경우를 말한다. 자신의 소득보다 많은 소비를 할 때나 소비가 소득을 넘지 않더라도 전체 소득에 비하여 소비가 많은 경우도 포함된다. (   )

(4) 미리 계획하지 않았는데 권유나 광고 등 여러 가지 원인에 의해 즉석에서 물건을 사는 행동이다. 미리 계획을 세워서 결정한 대로 물건을 구입하는 계획 구매에 반대되는 개념이다. (   )

03 빈칸에 공통으로 들어갈 단어를 골라 쓰십시오.

설마	하긴	막상

(1) 가: 유민이 정도면 얼굴도 예쁘지, 학벌도 좋지, 뭐 하나 빠지는 게 없지?
나: ______________ 유민이가 정말 괜찮은 사람인 건 맞지.

(2) 가: 여긴 들어 본 적이 없어서 별로 기대 안 하고 왔는데 ______________ 와 보니 좋구나.
나: 그렇지? 유명하지 않아서 더 좋은 것 같아.

(3) 가: ______________ 집에 애를 혼자 놓고 온 건 아니겠지요?
나: 그럴 리가요. 옆집 할머니한테 잠깐 맡겨 놨어요.

04 알맞은 단어를 골라 쓰십시오.

절약하다	알뜰하다

(1) 교통비를 ______________ 볼까 해서 집에서 학교까지 걸어 다녀.

(2) 아파트 주변 시장은 물건이 싸고 질도 좋아서 ______________ 주부들이 많이 찾는다.

낭비하다	허비하다

(3) 게임이나 하면서 시간을 ______________ 말고 공부를 제대로 시작해 보는 건 어때?

(4) 가: 소영 씨는 세수할 때나 이를 닦을 때 보면 항상 물을 아껴 쓰네요.
나: 어렸을 때부터 부모님께서 물을 ______________ 말라고 가르치셨어요.

파산하다	바닥나다

(5) 회사가 ______________ 문을 닫자 직원들은 하루아침에 실업자가 되었다.

(6) 오늘은 손님이 많아 준비한 재료가 전부 ______________ 가게 문을 일찍 닫게 되었다.

허전하다	서운하다

(7) 20년 만에 만난 동창들과 헤어지기가 몹시 ______________.

(8) 하나밖에 없는 아들이 군대에 가고 나니 온 집안이 ______________.

허겁지겁	허둥지둥

(9) 강아지는 배가 몹시 고팠는지 밥을 ______________ 먹어 치웠다.

(10) 수비 선수들이 공을 잡으려고 ______________ 뛰어가다가 한데 뒤엉켰다.

A/V-다더니

01 '-다더니'를 사용하여 대화를 완성하십시오.

(1) 가: 미영 씨는 며칠 전부터 ______________________ 오늘 병원에 갔나 봐요.
나: 어디가 안 좋아서 병원에 갔어요?

(2) 가: ______________________ 머리 모양이 왜 그대로예요?
나: 미용실에 갔는데 문이 닫혀서 그냥 왔어요.

(3) 가: 도시락을 집에서 ______________________ 김밥을 사 왔네요.
나: 그렇게 하려고 했는데 어제 늦게 퇴근하는 바람에 장을 못 봤어요.

(4) 가: ______________________ 집에 와서 보니까 셔츠에 얼룩이 있더라고요.
나: 죄송합니다, 고객님. 다른 상품으로 교환해 드리겠습니다.

02 '-다더니'를 사용하여 문장을 완성하십시오.

사공이 많으면 배가 산으로 간다	등잔 밑이 어둡다
발 없는 말이 천리 간다	김칫국부터 마신다

(1) ______________________________ 벌써 소문이 쫙 퍼졌네요.

(2) ______________________________ 합격도 하기 전에 양복부터 준비했군요.

(3) ______________________________ 손에 들고 있으면서 계속 찾았던 거야?

(4) ______________________________ 참견하는 사람이 많으니까 일에 진전이 없네.

A/V-고 나면

03 '-고 나면'을 사용하여 대화를 완성하십시오.

(1) 가: 어머니가 나한테 자꾸 잔소리를 하시니까 힘들어요.
나: 미카 씨도 ________________ 어머니 마음을 이해할 수 있을 거예요.

(2) 가: 어떻게 하루도 안 빠지고 일찍 일어나서 운동하세요? 힘들지 않으세요?
나: 아침 일찍 ________________ 건강해지는 기분이 들고 밥맛도 좋거든요.

(3) 가: 친구와 다퉜는데 기분이 안 좋고 일도 손에 안 잡혀요.
나: ________________ 마음이 가벼워질 거예요. 지금 당장 연락해 보세요.

(4) 가: 소식을 하는 이유가 있어요?
나: ________________ 소화가 잘 안 돼서 힘들어요. 그래서 적게 먹는 거예요.

(5) 가: 중학교에 다니는 아들이 요즘 말도 잘 안 하고 뭘 물으면 화만 내요.
나: ________________ 괜찮아질 테니까 걱정 마세요.

A/V-다고 치다

04 알맞은 표현을 골라 쓰십시오.

-다고 치면	-다고 쳐도	-다고 치자	-다고 치고

(1) 아이가 아무리 잘못을 ________________ 아이를 때려서는 안 된다.
(2) 그래. 내가 먼저 반말을 ________________. 그렇다고 어린 네가 나한테 반말을 해?
(3) 네가 한국에 안 ________________ 지금쯤 고향에서 뭘 하고 있을까?
(4) 네가 지금 면접을 ________________ 내 질문에 대답해 봐.

A/V-(으)ㄴ/는 셈이다

05 '-(으)ㄴ/는 셈이다'를 사용하여 문장을 완성하십시오.

(1) '계명슈퍼' 개점 10주년 기념, 계란 한 판 500원 한정 판매

→ 평소에 4,500원에 파는 계란 한 판을 500원에 살 수 있으니 거의 공짜로 사는 셈이다.

(2) 토픽 5급 이상 외국인 유학생, 학비 전액 지원

→ 토픽 5급 이상에 합격한 외국인 유학생들에게 학비를 모두 지원해 준다고 하니 고급 토픽 합격증이 있는 학생들은 전액 장학금을 ________________.

(3) 한국 탁구, 세계 최강 중국 상대로 아쉬운 은메달

→ 한국 탁구 선수들이 세계에서 가장 뛰어난 중국 선수들을 상대로 해서 따낸 은메달이기 때문에 우승과 ________________.

(4) 기업 인사 담당자 94%, 채용 때 지원자 외모 본다

→ 설문 조사 결과, 신입 사원을 채용할 때 외모를 본다는 회사가 94%에 달했다. 대부분의 회사에서 지원자의 외모를 ________________.

(5) 불규칙한 식습관으로 속 쓰린 10~20대 증가

→ 불규칙한 식생활 습관 때문에 속이 쓰린 증상이 생겨서 병원을 찾는 환자가 늘고 있다. 전체의 50%가 10~20대이므로 환자 두 명 중 한 명이 ________________.

(6) 회원제 할인 매장 '계명마트', 회원 가입 기간 3년에서 1년으로 축소

→ 35,000원의 돈을 내면 3년 동안 할인 매장을 이용할 수 있도록 했던 계명마트가 이용 기간을 3년에서 1년으로 줄였다. 사실상 회원 가입비를 ________________.

읽고 쓰기

다음 그래프를 보고 직장인들이 충동구매를 하는 이유와 충동구매 후에 어떤 행동을 하는지 설명하는 글을 써 봅시다.

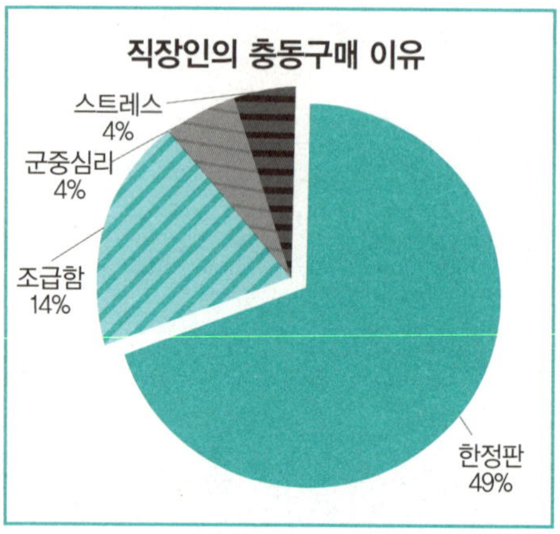

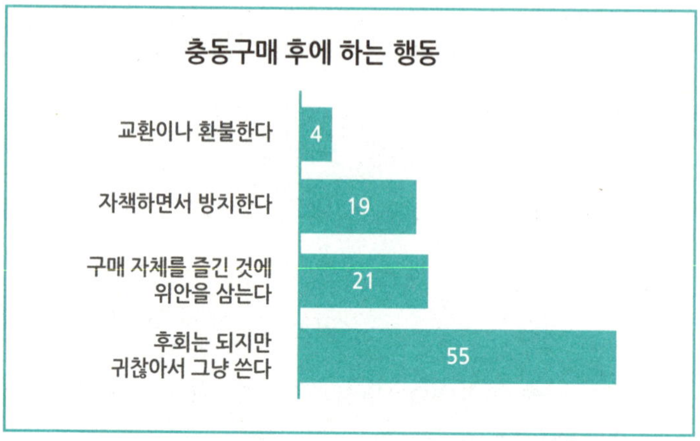

참고 표현	
시작	N에 대한 설문 조사를 실시하였다
전개	조사 결과 A/V-(으)ㄴ/는 것으로 나타났다[드러났다] N의 원인은 다음과 같다 N이/가 N위를 차지했다 N(으)로 그 뒤를 이었다 에 불과했다 = 에 그치고 있다
마무리	N을/를 통해(서) ~ N을/를 알 수 있다

서울에 살고 있는 직장인 500명을 대상으로 충동구매를 하는 이유와 충동구매 후에 하는 행동에 대한 설문 조사를 실시하였다. ....

7-2 광고 이야기 소비와 경제생활 7

• 어휘

01 빈칸에 알맞은 단어를 골라 쓰십시오.

역효과

역이용

역-: 이어지는 낱말에 '반대되는' 또는 '차례나 방법이 뒤바뀐'의 뜻을 더함

역수출

역기능

(1) 너그러움과 포용도 지나치면 오히려 ____________을/를 불러 일으켜 자신의 잘못을 반성하지 못하는 아이로 만들 수도 있다.

(2) 가: 우리 동네에 대형 마트가 들어서면 우리처럼 작은 가게는 곧 망하게 될 거야.
나: 작다는 걸 ____________을/를 해서 우리 가게만의 개성을 살려 보는 건 어떨까?

(3) 자본주의로 인해 많은 나라에서 눈부신 경제 발전을 이루었지만 반면에 빈부의 격차가 심해지는 ____________을/를 낳기도 했다.

(4) 과거에는 한국이 유럽에서 수입을 주로 했지만 이제는 한국의 기술 발달로 유럽 시장에 대한 ____________ 품목이 증가하였다.

02 알맞은 단어를 골라 쓰십시오.

기발하다 특이하다

(1) 승규는 돼지고기를 먹으면 온몸에 두드러기가 생기는 ____________ 체질이다.

(2) 김 대리는 마케팅 부서에서 항상 ____________ 아이디어를 내는 유능한 직원이다.

광고하다	홍보하다

(3) 어머니는 아들이 시험에 합격했다는 사실을 여기저기 ______________ 다니셨다.

(4) 한국관광공사에서는 관광객을 유치하기 위해 한국의 관광지를 해외에 ______________.

무심코	단순히

(5) ______________ 팔을 흔들었다가 책상 위에 있는 컵을 떨어뜨릴 뻔했다.

(6) 아이가 질문을 해 올 때 ______________ 답만 가르쳐 주지 말고 답을 찾아가는 과정을 생각하게 해야 한다.

03 빈칸에 공통으로 들어갈 단어를 골라 쓰십시오.

지나치다	호소하다	딱딱하다	그치다	제시하다

(1) • 환자는 갑자기 두통을 ______________ 쓰러졌다.
• 그 후보는 텔레비전에서 자신에게 지지를 ______________ 연설을 했다.

(2) • 다행히 오전에 비가 ______________ 예정대로 축구 시합이 열렸다.
• 친구를 골탕 먹이려던 우리의 계획은 결국 계획으로만 ______________ 실천에 옮겨지지는 못했다.

(3) • 철수는 딴 생각을 하며 걷다가 그만 목적지를 ______________ 말았다.
• 아이의 사소한 잘못을 지적하지 않고 그냥 ______________ 아이의 버릇이 나빠질 수 있다.

(4) • 그렇게 비판만 하지 말고 대안도 함께 ______________ 주십시오.
• 과속으로 운전하다가 경찰에게 잡힌 친구는 운전면허증을 ______________.

(5) • 떡을 냉장고에 오래 두었더니 ______________ 먹을 수가 없다.
• 철수는 말투가 ______________ 다른 사람이 쉽게 말을 걸지 못한다.
• 이 책은 내용이 ______________ 지루해서 읽기가 쉽지 않다.

문법 및 표현

A/V-(으)ㄴ/는가 하면

01 '-(으)ㄴ/는가 하면'을 사용하여 문장을 완성하십시오.

(1) **광고의 종류**

- 회사들이 자사의 제품을 판매하기 위해 만든 상품 광고
- 정부 기관이나 공공 단체가 공공의 이익을 위해 만든 공익 광고

➜ 광고에는 회사들이 자사의 제품을 판매하기 위해 만든 상품 광고가 **있는가 하면** 정부 기관이나 공공 단체가 공공의 이익을 위해 만든 공익 광고도 있다.

(2) **로봇의 역할**

- 사람이 해야 할 집안일을 대신해 준다.
- 위험한 재난 현장에 들어가서 사람들의 생명을 구한다.

➜ 로봇의 역할이 다양해져서 ____________________ 위험한 재난 현장에 들어가서 사람을 구조하기도 한다.

(3) **전원생활의 장점**

- 먹거리를 직접 재배할 수 있다.
- 깨끗한 환경에서 여유를 즐기며 살 수 있다.

➜ 전원생활을 하면 ____________________ 깨끗한 환경에서 여유를 즐기며 살 수 있어서 좋은 점이 많다고 할 수 있다.

(4) **방학 계획**

- ____________________
- ____________________

➜ ____________________
____________________.

1과 여론과 대중
2과 전설과 속담
3과 취미와 여가
4과 생태와 환경
5과 현대 사회
6과 한국의 전통
7과 소비와 경제생활
8과 한국의 문학
9과 풍속과 음식
10과 대학 생활

A/V-(으)ㄴ/는/(으)ㄹ 듯하다

02 기사의 제목을 보고 내용을 추측해서 써 보십시오.

(1) **주요 쟁점 입장 차 여전, 남북 대화 가시밭길**

➔ 남한과 북한이 이산가족 상봉 문제에 대해 입장 차이를 좁히지 못하고 오히려 갈등이 심화되는 상황이어서 빠른 시간 안에 남북 대화가 이루어지기는 **어려울 듯하다.**

(2) **지구와 가장 닮은 행성 발견, 생명체 가능성 주목**

➔ 지구와 가장 비슷한 환경을 가지고 있는 행성을 발견했다고 한다. 그 행성에 생명이 있는 물체가 살고 ____________________.

(3) **내일부터 기온 다시 '뚝', 중부 남부 지방에 눈**

➔ 일기 예보에 의하면 내일부터 날씨가 많이 추워진다고 한다. 아마 중부와 남부 지방에 눈이 ____________________.

(4) **영화 '어머니' 본 관객들 눈물 펑펑**

➔ 영화 '어머니'를 본 관객들이 눈물을 많이 흘렸다고 한다. 아마도 그 영화가 매우 ____________________.

(5) **삼정 새 휴대폰 출시 연기, 한 달 더 기다려야 살 수 있어**

➔ 이달 말에 나올 예정이던 삼정의 새 휴대폰이 다음 달에 출시된다고 한다. 사고 싶은 사람은 ____________________.

(6) **거품 뺀 '작은 결혼식' 확산**

➔ 요즘 젊은 사람들 사이에서는 남에게 보여 주기 위한 화려한 결혼식 대신 소박하고 실속있게 하는 결혼식이 ____________________.

03 다음 상황에 맞는 문장을 만들어 봅시다.

상다리가 부러지다　　하늘에서 천사가 내려오다　　손에 잡히다
한 폭의 그림을 보다　　둘이 먹다가 하나가 죽어도 모르다

(1) 유채꽃이 활짝 핀 제주도의 풍경
→ 한 폭의 그림을 보는 듯하다.

(2) 웨딩드레스를 입은 신부의 모습
→ ______________________.

(3) 친구가 잘 차려 놓은 밥상
→ ______________________.

(4) 산 정상 가까운 곳에 있는 구름
→ ______________________.

(5) 기가 막히게 맛있는 음식
→ ______________________.

A/V-(으)ㄹ지라도

04 관계있는 것을 연결하고 '-(으)ㄹ지라도'를 사용하여 문장을 완성하십시오.

곤경에 처하다 •	• 침착하게 행동하다
재능을 타고나다 •	• 사랑하는 마음은 변함없다
흥행에 실패하다 •	• 공부를 게을리해서는 안 된다
유학 생활이 힘들다 •	• 해외에서 인기를 얻을 수도 있다
죽음이 우리를 갈라놓다 •	• 환경을 파괴하는 행위는 하면 안 된다
경제 발전이 중요하다 •	• 노력하지 않으면 꿈을 이룰 수 없다

(1) 곤경에 처할지라도 ________________________________.

(2) 재능을 타고났을지라도 ________________________________.

(3) 죽음이 우리를 갈라놓을지라도 ________________________________.

(4) ________________________________ 환경을 파괴하는 행위는 하면 안 된다.

(5) 영화가 국내에서 흥행에 실패할지라도 ________________________________.

(6) ________________________________ 공부를 게을리해서는 안 된다.

05 '-(으)ㄹ지라도'를 사용하여 문장을 완성하십시오.

(1) 가: 민호는 체격이 작은데 내일 시합에서 잘 뛸 수 있을지 걱정이야.

나: ____________________ 발은 빠른 편이라서 아마 잘할 거예요.

(2) 가: 부모님이 편찮으시다면서? 빨리 고향에 가 봐야 하는 거 아니야?

나: 지금 당장 ____________________ 내일이나 돼야 도착할 수 있어.

(3) 가: 저는 대학교를 졸업하지 않았는데 이 회사에서 일할 수 있을까요?

나: 우리 회사는 ____________________ 업무 능력이 뛰어나면 채용하고 있습니다.

(4) 가: 이번 일을 실패하고 나니까 다시 시작할 자신이 없어.

나: 비록 ____________________ 실패가 성공하는 데에 밑거름이 될 거야.

(5) 가: 이 선생님 결혼식 말이에요. 초대를 못 받았는데 가도 될까요?

나: 초대를 ____________________ 가서 축하해 주면 기뻐하실 거예요.

(6) 가: 금리가 낮으니까 돈을 은행에 예금하지 말고 주식을 사 보는 건 어때?

나: ____________________ 은행에 두고 안전하게 관리하겠습니다. 주식은 위험 부담이 있어서 싫어요.

다음을 참고하여 아래의 글을 완성해 봅시다.

드라마 간접 광고

(1) 개　념: 광고 업체가 드라마 제작비의 상당 부분을 지원해 주는 대신 제작진은 해당 제품을 드라마에 노출시키는 것을 말한다.

(2) 목　적: 드라마 속에 광고 업체의 제품이나 브랜드를 노출시켜 소비자의 인지도를 높이려는 것이다.

(3) 장　점: · 회사－회사의 이미지를 좋게 만들면서 매출을 올릴 수도 있다.
· 드라마 제작진－제작비의 부담을 덜 수 있다.

(4) 문제점: · 드라마에 나오는 직업의 종류가 편중되고 있다.
· 지나친 간접 광고로 인해 극의 흐름이 깨질 때가 있다.
· (　　　　　　　　　　　　　　　　　　　　　　　　)

드라마의 인기가 높아지면 드라마 속에서 배우들이 입은 옷, 착용한 액세서리, 먹은 음식, 촬영한 장소 등 다양한 것들이 화제가 된다. 드라마에 등장한 물건이나 장소는 거부감 없이 소비자에게 다가갈 수 있기 때문에 많은 업체가 이런 효과를 노리고 간접 광고를 활용하고 있다.

간접 광고란 .... 이러한 간접 광고는

....

....(으)려는 것이 목적이다.

간접 광고는 ....다는 장점이 있지만 문제점도 많다. ....

....

이러한 문제점들에도 불구하고 앞으로 간접 광고의 규모와 영향력은 더욱 커질 것으로 전망된다.

더 배워 봅시다

접두사 접미사 2

01 맞-: '마주 보다', '반대 방향으로', '함께'의 의미

맞선, 맞절, 맞들다, 맞바꾸다, 맞서다, 맞잡다, 맞벌이, 맞장구치다 등

예 김 선생님은 오랫동안 **맞벌이**를 하면서 알뜰살뜰 살림을 꾸려 오고 계신다.
시장바구니를 **맞들고** 가시는 부모님의 뒷모습이 오늘따라 더 다정해 보인다.

02 맨-: '다른 것을 더하지 않고 그것만'의 의미

맨손, 맨바닥, 맨입, 맨주먹 등

예 **맨입**에 술을 연거푸 마셨더니 속이 쓰려 죽겠어요.
맨바닥에 앉으면 옷이 더러워질 수 있으니까 의자에 앉으세요.

03 빗-: '비뚜로', '잘못', 기울어진'의 의미

빗나가다, 빗디디다, 빗맞다, 빗금, 빗면 등

예 우리 편 선수가 찬 공이 골대에서 **빗나가는** 순간 경기가 끝나고 말았다.
입사 시험에 논술 문제가 포함되어 있을 거라는 예상이 **빗맞았다**.

04 잔-: '작은', '눈에 띄지 않는', '필요하지 않은'의 의미

잔돈, 잔돌, 잔주름, 잔털, 잔심부름, 잔소리 등

예 이 화가의 작품은 할머니 얼굴의 **잔주름**이 주는 느낌까지 세심하게 표현하여 호평을 받고 있다.
이제 구청에서 각종 서류를 발급받을 때 수수료를 신용카드로 결제할 수 있게 되어 **잔돈**을 준비할 필요가 없어졌다.

※ 알맞은 단어를 넣어 대화를 완성하세요.

(1) 가: 부모님과 떨어져 지낸 지 1년이 넘었다지요? 외롭지 않아요?

나: 외롭고말고요. 같이 지낼 땐 듣기 싫던 어머니의 ________________도 그리워요.

(2) 가: 저는 지금 '광어 축제' 현장에 나와 있습니다. 광어를 직접 잡기도 하고 다양한 광어 요리를 즐길 수 있는 다양한 프로그램들이 있다고 하는데요. 맞습니까?

나: 네, 그렇습니다. 이번 주말에는 낚시 장비 없이 ________________(으)로 광어를 잡는 체험 행사도 할 예정이니 가족, 연인과 함께 놀러 오세요.

(3) 가: 민수야, 너 걷는 게 왜 그래? 다리 다쳤어?

나: 네, 선생님. 등교하다가 발을 ________________ 넘어졌어요.

(4) 가: 사장님, 여기 꽂아 둔 우산이 없어졌는데요.

나: 그래요? 누가 우산을 ________________ 가져갔나 봐요. 일단 가게 우산을 드릴 테니까 쓰고 가세요. 우산 찾으면 연락드릴게요.

대학 생활 TIP

A+ 리포트 작성하기 1

• 기본 형식을 알고 쓰자

감상문, 논설문, 보고서 등 대학생이 써야 할 리포트의 종류는 다양하다. 따라서 리포트를 쓰기에 앞서 리포트 종류에 따른 기본 형식을 파악하는 과정이 꼭 필요하다. 리포트의 기본 형식은 인터넷 검색 또는 문서 서식 사이트를 활용하여 쉽게 알 수 있다.

살아있는 한국어 워크북 5

제 8 과

한국의 문학

8-1 한국의 시

어휘

문법 및 표현
· A/V-거든
· N(으)로는
· A/V-(으)ㄴ/는 이상
· N의 여지가 없다

읽고 쓰기

8-2 생활 속의 수필

어휘

문법 및 표현
· V-지 않으면 안 되다
· A/V-건마는
· V-노라면
· N(이)니 N(이)니

읽고 쓰기

더 배워 봅시다

접두사 접미사 3

8 한국의 문학

8-1 한국의 시

어휘

01 빈칸에 알맞은 단어를 골라 쓰십시오.

그윽이	서서히	하물며	자연스레

(1)

고산병 심하면 사망

높은 산에 올라가면 산소가 부족해져서 두통이나 구토 증세가 나타난다. 이를 고산병이라고 하는데 심한 경우 사망에 이르기도 한다. 고산병을 예방하려면 하루에 고도 300~600m쯤만 올라가면서 산소 부족 적응력을 ____________ 높여 가야 한다.

(2)

섬마을에 할머니 바리스타

남해의 아름다운 섬 욕지도에 도착하면 커피 향기가 바닷바람에 날아온다. 욕지도 할머니들은 관광객들을 위한 커피숍을 열려고 뜻을 모아 바리스타 과정을 수료했다. 커피 향기가 ____________ 풍기는 이 커피숍은 섬의 새로운 명물로 떠오르고 있다.

(3)

봉사 활동, 특별한 계기가 있는 것 아니다

배우 박해정은 봉사 활동에 참가하는 것에 대해 특별한 계기가 있었던 것은 아니라고 했다. 본인 역시 풍요롭지 못한 환경에서 자랐다고 말한 박해정은 돈을 아주 많이 벌지는 않지만 자신보다 어려운 분들을 도와드릴 수 있는 형편이 되었으니 ____________ 도와드리는 것이라며 겸손한 자세를 보였다.

(4)

약 함부로 먹이면 안 돼

일반 가정에서는 상비약을 두고 아이들이 아플 때 병원이나 약국에 가지 않고 집에 있는 약을 먹이는 경우가 많다. 그러나 2세 미만의 아이가 아플 때는 마음대로 약을 먹여서는 안 된다. ____________ 가벼운 감기라고 해도 의사의 처방 없이 약을 먹여서는 안 된다.

02 빈칸에 알맞은 단어를 쓰십시오.

-질: 앞에 제시되는 도구를 가지고 하는 일

부채**질** / 칼**질** / 가위**질** / 걸레**질**

(1) 아이는 서툰 ______________로 색종이를 오리고 있다.

(2) 선풍기가 고장이 나서 ______________로 더위를 식히고 있었다.

(3) 주방장은 생선을 도마 위에 올려놓고 능숙하게 ______________을 하였다.

(4) 어머니는 먼지가 쌓인 내 방을 보시자 ______________을 하기 시작하셨다.

되-: 이전의 상태로 돌리다

되풀이하다 / **되**새기다 / **되**살리다 / **되**팔다

(5) 같은 잘못을 ______________ 마십시오.

(6) 그는 사라져가는 전통 문화를 ______________ 위해 평생을 바쳤다.

(7) 일기를 쓰기 전에 먼저 오늘 있었던 일들을 하나씩 ______________ 보았다.

(8) 상인들은 소금 값이 오르자 그동안 사 놓았던 소금을 ______________ 많은 이익을 얻었다.

03 빈칸에 공통으로 들어갈 단어를 골라 쓰십시오.

등장하다	떠돌다	엿보다	나타내다	머무르다

(1) • 그의 죽음에 대해 이상한 소문이 ______________ 시작했다.
- 자원 봉사자들의 노력으로 바다 위를 ______________ 기름이 거의 사라졌다.
- 그는 베낭을 메고 여기저기를 ______________ 지 3년 만에 고향에 돌아왔다.

(2) • 우리는 여행 중에 친구 집에서 며칠 ______________ 했다.
• 할머니의 눈은 밥을 맛있게 먹고 있는 손자에게 ______________.
• 우승을 목표로 했지만 아쉽게도 준우승에 ______________ 말았다.

(3) • 이 시는 고향에 대한 그리움을 ______________ 있다.
• 전학 온 아이는 체육대회에서 두각을 ______________ 시작했다.
• 얼굴 없는 가수로 유명했던 이병주가 드디어 방송에 모습을 ______________.

(4) • 어머니는 교실 창문으로 아이가 공부하는 모습을 몰래 ______________.
• 김홍도의 그림을 통해 조선 시대 백성들의 생활을 ______________ 수 있다.
• 기회를 ______________ 아버지가 기분이 좋으실 때 용돈을 더 달라고 말해야겠다.

(5) • 요즘 광고에는 일반인들이 모델로 ______________ 경우가 종종 있다.
• 관객들이 박수를 치자 주인공을 맡은 배우가 무대 위로 ______________.
• 심각한 취업난으로 인한 청년들의 절망감이 새로운 사회 문제로 ______________ 있다.

04 다음 정의를 읽고 빈칸에 알맞은 단어를 골라 쓰십시오.

비유하다	상징하다	중의적이다	함축하다

(1) 추상적인 개념이나 사물을 구체적인 사물로 나타냄
➜ 비둘기가 평화를 나타내는 것처럼 네 잎 클로버는 행운을 ______________.

(2) 어떤 일이나 사물을 직접 설명하지 않고 다른 일이나 사물에 빗대어 설명함
➜ '우연히 봄'은 사랑이 시작되는 느낌을 봄에 ______________ 노래로, 드라마의 배경 음악으로 사용되면서 더욱 유명해졌다.

(3) 한 단어나 문장이 두 가지 이상의 뜻으로 해석될 수 있음
➜ 감독은 영화 제목의 의미를 묻는 기자들에게 얼굴을 꾸미는 '화장'과 장례 방식 중 하나인 '화장'이라는 ______________ 뜻이 담겨 있다고 대답하였다.

(4) 말이나 글이 많은 뜻을 담고 있음
➜ 속담 '산 넘어 산이다'에서 '산'은 어려운 일, 힘든 일이라는 의미를 ______________ 있다.

A/V-거든

01 '-거든'을 사용하여 대화를 완성하십시오.

(1) 가: 어디 가세요? 조금 이따가 소영 씨가 오기로 했잖아요.
나: 잠깐만 나갔다가 올게요. 소영 씨가 ______________________.

(2) 가: 다음 수업 시간에 시를 한 편씩 암송하기로 했는데 아무리 해도 안 외워져.
나: ______________________. 그럼 자연스럽게 외워질 거야.

(3) 가: 저는 긴장을 좀 많이 하는 편이에요. 내일 면접이 있는데 벌써부터 긴장이 돼요.
나: ______________________. 훨씬 마음이 편해질 거예요.

(4) 가: 오늘 배운 '나의 꿈'이라는 시가 정말 마음에 들어요. 그 시인의 다른 시도 읽어 보고 싶어요.
나: ______________________. 상우 씨에게 한용운 시인의 시집이 있을 거예요.

N(으)로는

02 '(으)로는'을 사용하여 문장을 완성하십시오.

현재의 상황	현재의 기술	설문 조사 결과

(1) 태평양의 아름다운 섬 '헤라'에서 화산 폭발이 있었다. 화산 폭발로 인해 상점은 물론 대부분의 호텔들이 문을 닫았다. 관광객들을 위한 여러 시설들까지 파괴되었기 때문에 복구가 이루어지기 전까지는 헤라 섬 관광이 어려울 것으로 예상된다.

➜ 헤라 섬은 ______________________.

1과 여론과 대중 | 2과 전설과 속담 | 3과 취미와 여가 | 4과 생태와 환경 | 5과 현대 사회 | 6과 한국의 전통 | 7과 소비와 경제생활 | 8과 한국의 문학 | 9과 풍속과 음식 | 10과 대학 생활

(2) 의학이 발달한 현재에도 치료가 힘든 병이 있다. 이를 난치병, 또는 불치병이라고 한다. 난치병은 방법은 있으나 치료가 매우 어려운 병을 말하고 불치병은 아직 치료법이 개발되지 않아 고칠 수 없는 병을 말한다. 운동 신경 세포가 서서히 파괴되어 걷거나 움직일 수 없게 되는 병인 루게릭병은 대표적인 불치병 중 하나이다.

➜ 루게릭병은 ______________________________.

(3) 밸런타인데이에 직접 선물을 만드는 'DIY 밸런타인'이 유행이다. 이에 따라 초콜릿 만들기 세트, 케이크 만들기 세트 등의 판매량이 증가하고 있다. 사랑하는 사람에게 흔한 선물보다는 의미있는 선물을 주려는 사람들이 많아졌기 때문이다. 쇼핑 사이트 팡팡에서 10~20대를 대상으로 실시한 설문 조사 결과에서도 가장 감동 받은 선물로 '정성을 담아 직접 만든 선물'이라는 응답이 전체의 42%로 1위를 차지하였다.

➜ 선물에 대한 ______________________________.

A/V-(으)ㄴ/는 이상

03 '-(으)ㄴ/는 이상'을 사용하여 문장을 완성하십시오.

(1)
가: 이 방은 무대 장치와 조명을 조종하는 곳입니다. 공연을 하는 데 아주 중요한 장소입니다.
나: 어떻게 조종하는지 궁금한데 들어가서 봐도 되나요?
가: 죄송합니다만 이곳은 관계자가 아니면 출입할 수 없습니다.

➜ 무대 장치를 조종하는 방은 ______________________________.

(2)
가: 이런 문제를 다수결로 결정한다는 게 말이 돼? 나는 노래 부르는 걸 싫어하는데 왜 합창을 해야 하는 거야?
나: 회의를 통해서 결정된 거니까 따라야지. 너도 아까 봤지만 우리 반 아이들이 가장 많이 원하는 게 합창이었잖아.

➜ 다수결에 의해 ______________________________.

(3) 가: 너 요즘 학생 대표 일을 하느라 공부할 시간도 없는 것 같던데. 피해를 봐 가면서까지 일을 할 필요가 있니?
나: 물론 가끔 힘들기는 하지만 그래도 대표를 맡았으면 최선을 다 해야지. 공부하는 데 크게 방해가 되지 않으니까 너무 걱정하지 마.

➜ 일을 ______________________________.

(4) 가: 민준 씨가 왜 저렇게 화를 내요? 무슨 일 있어요?
나: 민준 씨가 비밀을 지켜 달라고 한 일이 있는데 내가 실수로 다른 사람에게 이야기를 해 버렸어요. 일부러 그런 것도 아닌데 저렇게 화를 내네요.
가: 그래도 말 안 하기로 했으면 지켰어야죠.

➜ 약속을 ______________________________.

N의 여지가 없다

04 다음 표현을 사용하여 대화를 완성하십시오.

반박의 여지가 없다	입추의 여지가 없다	재고의 여지가 없다

(1) 가: 산을 깎아서 도로를 건설하는 것에 대해 다시 한번 생각해 주십시오.
나: 충분히 생각하고 내린 결정이므로 ______________________________.
이것이 교통난을 해소하기 위한 최선의 방법이라고 생각합니다.

(2) 가: 정우 씨의 의견에 반대한다고 해 놓고서는 왜 아무 말도 못했어요?
나: 정우 씨가 하는 말이 다 맞아서 ______________________________.
정확한 자료를 가지고 이야기를 하는데 어떻게 반대를 할 수 있었겠어요?

(3) 가: 지난 주말에 입시 설명회에 다녀오셨지요? 현장 분위기가 어땠어요?
나: 바뀐 입시 제도에 대한 학부모들의 뜨거운 관심을 보여 주듯이 설명회장은 ______________________________ 모든 자리가 다 찼었습니다. 심지어 계단에 앉아 설명을 듣는 분들도 계셨습니다.

읽고 쓰기

다음 시를 읽고 자신만의 시를 써 보십시오.

사랑하는 까닭

한용운

내가 당신을 사랑하는 것은 까닭이 없는 것이 아닙니다.
다른 사람들은 나의 홍안만을 사랑하지만
당신은 나의 백발도 사랑하는 까닭입니다.

내가 당신을 그리워하는 것은 까닭이 없는 것이 아닙니다.
다른 사람들은 나의 미소만을 사랑하지만
당신은 나의 눈물도 사랑하는 까닭입니다.

내가 당신을 기다리는 것은 까닭이 없는 것이 아닙니다.
다른 사람은 나의 건강만을 사랑하지만
당신은 나의 죽음도 사랑하는 까닭입니다.

* 홍안: 이 시에서는 '젊음'을 의미한다.

사랑하는 까닭

내가 당신을 사랑하는 것은 까닭이 없는 것이 아닙니다.
다른 사람들은 나의 ....지만
당신은 나의 .... 까닭입니다.

내가 당신을 .... 것은 까닭이 없는 것이 아닙니다.
다른 사람들은 ....지만
당신은 .... 까닭입니다.

내가 당신을 .... 것은 까닭이 없는 것이 아닙니다.
다른 사람들은 ....지만
당신은 .... 까닭입니다.

8 한국의 문학

8-2 생활 속의 수필

• 어휘

01 빈칸에 알맞은 단어를 골라 쓰십시오.

가령　도리어　별안간　어느새　참으로

(1) 친구를 돕는다고 한 행동이 ____________ 친구를 곤란하게 만들었다.

(2) 한국에 유학 온 지 벌써 3년이 지났다. 그동안 ____________ 많은 일들이 있었다.

(3) 대학교에 입학한 게 엊그제 같은데 ____________ 졸업이라니 시간이 정말 빨리 흘러간다.

(4) 누구보다 열심히 일하던 상우 씨가 ____________ 회사를 그만두겠다고 하자 모두들 이해할 수 없다고 했다.

(5) 시에 쓰이는 말에는 사전에 풀이된 뜻과 다른 뜻으로 쓰이는 경우가 많다. ____________ '어머니'라는 말은 시에서 '조국'이라는 뜻으로 쓰이기도 한다.

02 빈칸에 들어갈 단어를 쓰십시오.

비(非)-
뒤에 오는 낱말에 '아님'의 뜻을 더함

전문가	↔	**비**전문가
인간적	↔	**비**인간적
생산적	↔	**비**생산적
현실적	↔	**비**현실적
공개	↔	**비**공개

(1) 인종, 종교 등이 다르다는 이유만으로 사람을 차별하는 것은 ____________ 행동이다.

(2) 한국 대표팀은 선수들의 훈련 과정을 기자나 일반인들이 볼 수 없도록 ____________ (으)로 진행했다.

(3) 이 책은 어려운 과학 현상을 쉽게 설명하고 있어서 대학생, 일반인 등 ____________ 도 쉽게 이해할 수 있도록 쓰여 있다.

(4) 설문 조사에 따르면 직장인들이 생각하는 가장 ______________ 행동은 근무 시간에 메신저로 업무와 관계없는 이야기를 나누는 것이라고 한다.

(5) 영화 속에는 슈퍼맨, 배트맨처럼 ______________ 영웅이 등장한다. 사람들은 이 영웅들이 현실에 존재할 수 없다는 것을 알지만 그들을 통해 대리만족을 느끼게 된다.

불/부(不)-
뒤에 오는 낱말에 '아님'의 뜻을 더함

성실하다	↔	**불**성실하다
확실하다	↔	**불**확실하다
자연스럽다	↔	**부**자연스럽다
이익	↔	**불**이익
조화	↔	**부**조화

(6) 그는 업무를 ______________ 수행하다가 결국 회사에서 쫓겨났다.

(7) 현대식 건물이 전통 가옥들 사이에 홀로 높이 솟아 있어서 주변 환경과 ______________을/를 이룬다.

(8) 출발했다는 연락은 왔지만 그가 목적지에 도착했는지는 아직 ______________.

(9) 배우 김수정은 직장 생활에 대한 경험이 없어 자신의 연기가 ______________ 고백했다.

(10) 학생회에서는 금연구역에서 담배를 피울 경우 장학생 선발에서 ______________을/를 받을 수 있다고 밝혔다.

03 빈칸에 공통으로 들어갈 단어를 골라 쓰십시오.

배다　　파다　　씨름하다　　돌아서다

(1) • 그는 지금까지 자기 전공 분야만 ______________ 다른 분야에 대해서는 아는 것이 거의 없다.
• 하던 일을 자주 바꾸면 아무런 성과가 없다. 한 우물을 계속 ______________ 보면 언젠가 물이 나올 것이다.

(2) • 동생은 시를 쓴다며 하루 종일 종이와 ______________ 있다.
• 수학 문제와 ______________ 학생들은 선생님이 풀이해 주시는 것을 보고서야 이해가 된다는 듯 고개를 끄덕였다.

(3) • 늪지 개발에 대해 반대 입장을 고수하던 민수는 하루아침에 찬성으로 ______________.
• 심한 말다툼으로 친하게 지내던 친구와 완전히 ______________ 후로는 그 친구와 인사도 하지 않는 사이가 되었다.

(4) • 우리 집 개가 새끼를 ______________ 그런지 움직이지 않고 자꾸 졸기만 한다.
• 남편은 담배를 끊었다고 했지만 옷에는 여전히 담배 냄새가 ______________ 있었다.

04 다음 정의를 읽고 빈칸에 알맞은 단어를 골라 쓰십시오.

검소하다	나태하다	당당하다	성실하다	사치스럽다

(1) 정성스럽고 참되다.

➔ 해야 할 일이 있다면 미루지 말고 열심히 하십시오. 자신의 일을 ______________ 하는 사람에게는 성공이 따르는 법입니다.

(2) 행동이나 성격이 느리고 게으르다.

➔ 장래에 대한 목표를 세우지 않고 대학에 진학하면 ______________ 대학 생활로 이어질 수도 있다.

(3) 꾸밈없이 수수하다.

➔ 직장인이 돈을 모으는 가장 좋은 방법은 저축이다. 저축을 늘리기 위해서는 ______________ 생활 습관을 갖는 것이 중요하다.

(4) 남 앞에서 내세울 만큼 모습이나 태도가 떳떳하다.

➔ 이 영화에서 여자 주인공은 자신의 외모를 놀리는 남자들을 신경 쓰지 않고 자신 있고 ______________ 자신의 일을 해 낸다.

(5) 필요 이상의 돈이나 물건을 쓰거나 분수에 지나친 생활을 하다.

➔ 이런 고가의 시계는 학생이 차기에는 너무 ______________.

문법 및 표현

V-지 않으면 안 되다

01 '-지 않으면 안 되다'를 사용하여 문장을 완성하십시오.

(1) **내일까지 초속 20m 강풍, 시설물 피해 대비해야**

➜ 강풍으로 시설물 피해가 발생할 수 있으므로 대비하지 않으면 안 된다.

(2) **복잡한 휴대폰 요금제, 꼼꼼히 알아보고 계약해야**

➜ 휴대폰 요금제가 복잡하므로 ______________________.

(3) **에어컨으로 인한 여름 감기, 실내외 온도 차 5도 넘지 않도록 주의해야**

➜ 에어컨 사용으로 인해 감기에 걸리는 사람들이 많으므로 ______________________.

(5) **나트륨 과다 섭취가 어린이 비만의 원인, 식습관 바꿔야**

➜ 짜게 먹는 습관은 어른뿐만 아니라 어린이에게도 좋지 않다. 그러므로 ______________________
______________________.

(5) **종이컵 사용량 5년 새 4배 급증, 환경 보호를 위해 일회용품 사용 줄여야**

➜ 쉽게 사용하고 버리는 종이컵 사용량이 5년 사이 4배가 증가한 것으로 나타났다. 환경을 보호하기 위해서는 ______________________.

A/V-건마는

02 다음을 읽고 문장을 완성하십시오.

점순이는 내 앞에 손을 불쑥 내밀었다. 언제 구웠는지 굵은 감자 세 개가 손에 쥐여 있었다.
"너, 봄 감자가 맛있단다."
"난 감자 안 먹는다. 너나 먹어라."
나는 고개도 돌리지 않고 일하던 손으로 그 감자를 도로 어깨 너머로 밀어 버렸다.

'동백꽃' 중에서

(1) 점순이가 구운 감자를 내밀었건마는 ______________________________.

집을 나올 때 아내의 부탁이 마음에 켕기었다.
"오늘은 나가지 말아요. 내가 이렇게 아픈데……."
그때 김 첨지는 대수롭지 않은 듯이
"맞붙들고 앉아 있으면 누가 먹여 살려."
하고 뛰어나왔다.
"나가지 말라고 그래도. 그러면 일찍 들어와요."
목멘 소리가 뒤를 따랐다.

'운수 좋은 날' 중에서

(2) 아내가 붙잡았건마는 ______________________________.

내 방은 대문에서 세어서 일곱째 칸이다. 나는 이 일곱이라는 숫자를 훈장처럼 사랑하였다. 이 방은 다시 가운데 문으로 말미암아 두 칸으로 나뉘어 있다. 아랫방은 그래도 해가 든다. 아침결에 책가방만한 해가 들었다가 오후에 손수건만해지면서 나가 버린다. 이렇게 햇빛이 드는 방이 아내 방이요, 햇빛이 안 드는 방이 내 방이다.

'날개' 중에서

(3) 아내 방은 햇빛이 들건마는 ______________________________.

1과 여론과 대중
2과 전설과 속담
3과 취미와 여가
4과 생태와 환경
5과 현대 사회
6과 한국의 전통
7과 소비와 경제생활
8과 한국의 문학
9과 풍속과 음식
10과 대학 생활

V-노라면

03 '-노라면'을 사용하여 대화를 완성하십시오.

(1) 가: 고민이 있을 때는 어떻게 하십니까?
　나: 저는 바다에 갑니다. ______________________ 생각이 정리되고 해결할 방법도 떠오르거든요.

(2) 가: 얼마 전부터 어깨가 너무 아파. 컴퓨터를 많이 사용해서 그렇다고 하던데.
　나: 그건 잘못된 자세 때문이야. ______________________ 목은 물론이고 어깨까지 아프게 되는 거지.

(3) 가: 교사 생활을 하신 지 올해로 20년이 되셨는데요. 쉽지는 않으셨을 것 같습니다.
　나: 몰론 힘들 때도 많았지요. 그러나 ______________________ 보람을 느끼는 순간이 더 많답니다.

(4) 가: 선생님께서는 등산을 하시면서 힘든 코스로 올라가는 걸 즐기신다고 들었는데요. 특별한 이유가 있으신가요?
　나: ______________________ 머리가 맑아지고 몸도 가벼워지는 것 같습니다. 그래서 저는 등산하는 걸 좋아합니다.

N(이)니 N(이)니

04 '(이)니 (이)니 해도'를 사용하여 대화를 완성하십시오.

(1) 가: 사장님께서는 직원을 뽑으실 때 뭘 가장 중요하게 보시나요?
　나: ______________________ 저는 성실성을 가장 중요하게 봅니다.

(2) 가: 감독님께서는 지금까지 많은 미인들과 영화를 찍으셨는데요. 감독님이 생각하시는 최고의 미인은 누구입니까?
　나: ______________________ 어머니만큼 아름다운 여자는 본 적이 없습니다.

(3) 가: 어떤 선물을 하면 여자 친구가 좋아할까 고민하고 있는 남자들에게 좋은 선물 한 가지 추천해 주시겠어요?
　나: ______________________ 직접 쓴 편지만큼 감동적인 선물은 없습니다.

읽고 쓰기

다음 소설은 6살 아이의 눈으로 바라본 글입니다. 주인공을 '어머니'로 바꾸어 글을 다시 써 보십시오.

집에 오니 어머니는 문간에 기다리고 있다가 나를 안고 들어갔습니다. "그 꽃은 어디서 났니? 퍽 곱구나."하고 어머니가 말씀하셨습니다. 그러나 나는 갑자기 말문이 막혔습니다. '이걸 엄마 드리려고 유치원에서 가져왔어.' 하고 말하기가 어째 몹시 부끄러운 생각이 들었습니다. 잠깐 망설이다가 "응, 이 꽃! 사랑 아저씨가 엄마 갖다 주라고 주셨어." 하고 불쑥 말했습니다. 그런 거짓말이 어디서 그렇게 툭 튀어나왔는지 나도 모르지요.

꽃을 들고 냄새를 맡고 있던 어머니는 내 말이 끝나기가 무섭게 무엇에 몹시 놀란 사람처럼 화닥닥하였습니다. 그리고는 금방 어머니 얼굴이 그 꽃보다 더 빨갛게 되었습니다. 그 꽃을 든 어머니 손가락이 파르르 떠는 것을 나는 보았습니다. 어머니는 무슨 무서운 것을 생각하는 듯이 방 안을 휘 한 번 둘러보시더니 "옥희야, 그런 걸 받아 오면 안 돼." 하고 말하는 목소리는 몹시 떨렸습니다. 나는 꽃을 그렇게도 좋아하는 어머니가 이 꽃을 받고 그처럼 화를 낼 줄은 참으로 뜻밖이었습니다. 한참 있더니 어머니는 나를 방 안으로 데리고 들어와서 "옥희야, 너 이 꽃 얘기 아무에게도 하지 마라, 응?"하고 타일러 주었습니다. 나는 "응."하고 대답하면서 고개를 여러 번 까닥까닥했습니다.

어머니가 그 꽃을 곧 내버릴 줄로 나는 생각했습니다마는, 내버리지 않고 꽃병에 꽂아서 풍금 위에 놓아 두었습니다. 아마 꽤 여러 밤 자도록 그 꽃은 거기 놓여 있었고 마지막에는 시들었습니다. 꽃이 다 시들자 어머니는 가위로 꽃을 잘라 찬송가 갈피에 곱게 끼워 두었습니다.

'사랑 손님과 어머니' 중에서

집에 돌아온 옥희의 손에 꽃이 있었습니다. "그 꽃은 어디서 났니? 퍽 곱구나." 하고 물었습니다. 옥희는 잠시 망설이더니 "응, 이 꽃! 사랑 아저씨가 엄마 갖다 주라고 주셨어."하고 말했습니다.

내 얼굴은 금방 화끈거렸습니다. 그리고 꽃을 든 손가락이 파르르 떨렸습니다. 나는 방 안을 휘 한 번 둘러보고 "옥희야, 그런 걸 받아 오면 안 돼."하고 말했습니다.

....

....

....

1과 여론과 대중
2과 전설과 속담
3과 취미와 여가
4과 생태와 환경
5과 현대 사회
6과 한국의 전통
7과 소비와 경제생활
8과 한국의 문학
9과 풍속과 음식
10과 대학 생활

더 배워 봅시다

접두사 접미사 3

01 풋-: '과일이나 채소가 덜 익음', '무엇에 익숙하지 않아 미숙함'의 의미

풋고추, 풋사과, 풋내기, 풋사랑 등

예 학창 시절의 **풋사랑**을 배경으로 한 '내 안의 그대'가 이번 주말 개봉된다.
무더운 날씨로 입맛을 잃었을 때 매콤하고 아삭한 **풋고추** 한 입은 식욕을 돋워 준다.

02 알-: '작고 둥근', '겉을 덮어 싼 것을 제거한', '진짜'의 의미

알밤, 알사탕, 알몸, 알거지, 알부자 등

예 잘못된 주식투자로 **알거지**가 된 사람들을 많이 봤어요. 신중하게 투자하세요.
알밤 뻥튀기, 알밤 초콜릿 등 **알밤**을 가공한 다양한 제품이 개발되고 있다.

03 -만하다: -만한 크기의', '-만큼 큰/ 작은', '-할 만한', '충분한'의 의미

송아지만하다, 주먹만한 돌, 그만한 것 같습니다, 형만한 아우, 우리 집만한 집이 없다 등

예 어른 **주먹만한** 크기의 애플 수박이 출하되어 휴가철에 사랑을 받을 것으로 보인다.
배우 김한빈은 자신의 블로그에 '**집만한** 곳은 없다. 가족과 함께 하는 시간'이라는 글과 함께 사진을 올려 화제가 되었다.

04 -쟁이: '그것이 나타내는 속성을 많이 가진 사람'의 의미

겁쟁이, 고집쟁이, 멋쟁이, 욕심쟁이, 심술쟁이, 무식쟁이 등

예 친구는 왜 번지점프를 하지 않느냐며 나를 **겁쟁이**라고 놀려대기 시작했다.
고객의 요구에 맞춰 헌 옷을 새 옷처럼 바꿔 주는 옷 수선점이 **멋쟁이**들로부터 큰 인기를 얻고 있다.

※ 알맞은 단어를 넣어 대화를 완성하세요.

(1) 가: 지난번 노래 대회 때 상품으로 받은 노트북 컴퓨터는 잘 쓰고 있어?
나: 응. 성능은 물론이고 크기도 ____________________ 휴대하기 좋아.

(2) 가: 저는 언제 저 선배님처럼 일에 능숙해질까요?
나: 이제 입사한 ____________________ 이/가 10년 경력 선배님을 어떻게 금방 따라 가겠어요?

(3) 가: 저분은 항상 콩나물 국밥에 소주 한 잔으로 점심을 드시네요.
나: 저렇게 검소하게 사시지만 건물이 몇 채나 있는 ____________________.

(4) 가: 이 ____________________ 야. 내 과자까지 다 먹어버리면 어떡해.
나: 누나, 내가 안 먹었어. 아마 흰둥이가 먹었나 봐.

대학 생활 TIP

A+ 리포트 작성하기 2

• **한 번에 쓰지 말자**

무작정 컴퓨터 앞에 앉아 글을 쓰다 보면 같은 내용이 중복될 수 있고, 또 생각해 둔 내용이 잘 기억나지 않을 때도 있다. 이럴 때는 브레인스토밍이나 마인드맵을 활용하여 아이디어를 정리한 후에, 많은 아이디어 중 쓸 만한 것을 골라 개요를 작성하는 것이 좋다. 1차 리포트가 완성되었다면 친구나 선배의 피드백을 받아 수정하는 과정을 거치는 것이 좋다.

살아있는 한국어 워크북 5

제 9 과

풍속과 음식

9 풍속과 음식 9-1 함

어휘

01 알맞은 단어를 골라 쓰십시오.

혼서지	혼수	상견례	함	이바지	오곡 주머니

(1) 결혼 전에 신랑 집에서 신부 집에 보내는 예물 상자이다. (　　　　　)

(2) 각각 다른 곡식을 넣은 다섯 가지 색의 작은 주머니로 주머니마다 다산, 건강, 행복 등 특별한 의미가 담겨 있다. (　　　　　)

(3) 신랑의 아버지가 신부의 부모님께 보내는 편지인데 따님을 며느리로 주셔서 감사하다는 내용이 담겨 있다. (　　　　　)

(4) 결혼할 남녀의 부모나 가족이 처음 만나 서로 인사하는 일이다. (　　　　　)

(5) 결혼할 때에 필요한 물품이나 결혼에 드는 비용을 말한다. (　　　　　)

(6) 결혼 후에 신부 집에서 신랑 집에 음식을 보내는 일 또는 그 음식을 말한다. (　　　　　)

02 빈칸에 공통으로 들어갈 단어를 골라 쓰십시오.

외치다	간직하다	얽매이다	요란하다	전달하다	귀하다

(1) • 룸메이트가 ____________ 코를 고는 바람에 시끄러워서 잠을 제대로 못 잤어요.
• 가: 이 꽃무늬 셔츠는 어때? 화려해서 좋은 것 같은데.
나: 나는 그렇게 ____________ 것보다는 단순한 디자인이 좋아.

(2) • 가: 저기 산 위에 있는 사람들은 뭐라고 소리를 지르는 거예요?
나: "야호!" 하고 ____________ 거예요. 한국 사람들은 산 정상에 가면 그렇게 말해요.
• 작가는 이 책에서 자유가 그 무엇보다 중요하다고 ____________ 있다.

(3) • 돈이 아무리 중요하다고 해도 생명보다 ____________ 것은 아니다.

• 가: 이 책이 역사적으로 중요한 이유가 있나요?
나: 당시의 사회 모습을 담고 있는 ____________ 자료예요.

(4) • 나는 초등학교 때 쓴 일기장을 10여 년이 지난 지금까지 ____________ 있다.

• 가: 데이비드 씨, 고향에 돌아가더라도 우리 반 친구들을 잊지 마세요.
나: 그럴게요. 여러분과의 추억을 가슴 속에 영원히 ____________ 거예요.

(5) • 가: 오늘 야근이라서 소영이 생일 파티에 못 가. 나 대신 이걸 소영이한테 좀 갖다 줘.
나: 그럴게. 이 선물 상자만 ____________ 주면 되는 거지?

• 발전소에서 생산하는 전기를 각 가정에 ____________ 여러 과정이 필요하다.

(6) • 영화의 주인공은 온몸이 쇠사슬에 ____________ 움직일 수가 없었다.

• 가: 혼자 여행을 다니면 외롭지 않으세요?
나: 그렇긴 하지만 시간에 ____________ 않아서 자유롭고 좋아.

3 빈칸에 알맞은 단어를 골라 쓰십시오.

통과 의례	허례허식	절차	격식

(1) 형편에 맞지 않게 겉만 화려하게 꾸밈. 또는 그런 예절
➜ 우리 집은 제사의 ____________을/를 바로잡아 제사상에 올리는 음식을 간소화했다.

(2) 사회적 모임 등에서 수준이나 분위기에 맞는 일정한 방식
➜ 대표자는 청중들에게 ____________을/를 차려 정중하게 인사했다.

(3) 일을 해 나갈 때 거쳐야 하는 순서나 방법
➜ 입학 ____________에 따라 서류 전형 후에 면접이 있을 예정이다.

(4) 출생, 성년, 결혼, 죽음 등 사람이 살면서 새로운 상태로 넘어갈 때 겪어야 하는 의식
➜ 아버지는 아픔을 겪는 것이 성장의 ____________(이)라고 말씀하셨다.

문법 및 표현

V-(으)란 듯이

01 다음 상황을 보고 '-(으)란 듯이'를 사용하여 문장을 완성하십시오.

(1) 길을 가는데 어떤 강아지가 나를 졸졸 따라왔다. 내 손을 보면서 짖는 모습이 내가 먹고 있는 과자를 달라고 하는 것 같았다.

➜ 강아지가 내가 먹고 있는 과자를 ____________________ 나를 보고 짖었다.

(2) 토픽 시험에서 5급에 합격한 내 친구는 합격증을 받은 날 아예 그것을 교실 책상 위에 올려놓았다. 다른 친구들에게 직접 보여 주려는 것 같다.

➜ 친구는 ____________________ 토픽 합격증을 책상 위에 올려 놓았다.

(3) 팀장님은 나를 미워하시는 것 같다. 오늘 아침에도 서류 한 뭉치를 주시면서 퇴근 전까지 파일로 정리하라고 하셨다. 금요일인데 제시간에 퇴근하기는 틀린 것 같다.

➜ 팀장님이 오늘 나한테 제시간에 ____________________ 일을 많이 시키셨다.

(4) 살을 빼려고 오늘부터 저녁을 안 먹기로 했다. 그런데 나를 두고 가족들은 외식을 하고 왔다. 언니는 큰 소리로 고기가 얼마나 맛있었는지 모른다고 하면서 웃었다. 언니는 분명히 엄마를 보면서 말했는데 마치 나한테 말하는 것처럼 들리는 건 왜일까?

➜ 언니는 ____________________ 큰 소리로 고기가 맛있었다고 했다.

(5) 한 아이가 뛰어가다가 넘어졌는데 일어나지 않고 계속 넘어진 채로 있었다. 엄마가 가까이 가자 아이는 울음을 터뜨리면서 엄마를 올려다보았다. 그 모습이 마치 자기를 어서 일으켜 달라고 말하는 것처럼 보였다.

➜ 아이는 넘어진 채로 엄마를 올려다보면서 자기를 ____________________ 울고 있었다.

A/V-다던데

02 '-다던데'를 사용하여 대화를 완성하십시오.

(1)  "저 다음 달에 결혼해요."

가: 소영 씨가 다음 달에 **결혼한다던데** 그 소식 들었어요?

나: 그래요? 결혼은 천천히 하겠다더니 계획을 바꿨나 보네요.

(2)  "요즘 자전거를 타고 출퇴근하고 있어요."

가: 민수 씨가 요즘 자전거로 ______________ 우리도 해 볼까요?

나: 좋아요. 자전거를 타면 운동도 되고 에너지 절약에도 도움이 되니까요.

(3)  "어제 마트에서 선생님의 아기를 봤는데 정말 귀여워요."

가: 선생님의 아기가 정말 ______________ 마리 씨도 봤어요?

나: 저도 아직 못 봤어요. 돌잔치 때 가서 봐야겠어요.

(4)  "오늘 회의 시간을 10시로 변경하겠습니다."

가: 오늘 회의 시간을 10시로 ______________ 알고 있어요?

나: 부장님께서 갑자기 출장을 가셔야 해서 회의 시간을 앞당겼다고 들었어요.

(5)  "제 꿈은 한국어 선생님이 되는 거예요."

가: 안나 씨의 꿈은 ______________ 어떻게 생각하세요?

나: 안나 씨 적성에 잘 맞는 것 같네요. 아마 좋은 선생님이 될 거예요.

A/V-(으)ㄹ뿐더러

03 '-(으)ㄹ뿐더러'를 사용하여 문장을 완성하십시오.

(1) **에코 웨딩**

- 환경을 보호할 수 있다.
- 결혼 비용을 줄일 수 있다.

➜ 에코 웨딩은 ______________________________ 요즘 젊은이들 사이에서 좋은 반응을 얻고 있다.

(2) **걷기**

- 공부하는 학생들의 집중력을 향상시킨다.
- 우울증을 개선하는 데에 도움이 된다.

➜ 많이 걸으면 ______________________________ 요즘 걷기 운동을 하는 사람들이 늘고 있다고 한다.

(3) **혼인율**

- 경기가 나빠져 청년들의 취업이 어렵다.
- 결혼을 안 해도 된다고 생각하는 사람들이 늘고 있다.

➜ 지난해 한국의 혼인율은 역대 최저로 나타났다. 그 이유는 ______________________________ 때문인 것으로 볼 수 있다.

(4) **모바일 쇼핑**

- 시간과 장소의 구애를 받지 않고 쇼핑이 가능하다.
- ______________________________

➜ 요즘 시장이나 마트에 가지 않고 스마트폰으로 장을 보는 사람들이 늘고 있다고 한다. 이러한 모바일 쇼핑은 ______________________________ 때문에 편리한 점이 많다.

(5) **반려 동물**

- ______________________________
- ______________________________

➜ ______________________________.
이러한 이유로 반려 동물과 함께 생활하는 사람들의 수가 과거에 비해 증가했다.

꿈도 못 꾸다

04 알맞은 표현을 골라 대화를 완성하십시오.

꿈도 못 꾸다 꿈도 야무지다 꿈에 밟히다 꿈인지 생시인지

(1) 할 수 없을 거라고 판단해서 무엇을 할 생각을 전혀 하지 못하다.

➜ 가: 요즘 힘들어 보이는데 주말에 바람이라도 쐬고 오지 그래?
나: 논문을 다 쓸 때까지 여행은 ______________________.

(2) 잊어버리지 못해서 꿈에 나타나다.

➜ 가: 또 할머니 꿈을 꿨어요?
나: 네. 살아 계실 때 내가 철이 없어서 속을 많이 썩여 드렸어요. 그래서 그런지 지금도 자주 ______________________.

(3) 간절히 바라던 일이 이루어져서 현실처럼 느껴지지 않고 꿈처럼 느껴지다.

➜ 가: 아버지! 저 입사 시험에 합격했다고 연락이 왔어요.
나: 그래? 아이고 좋아라. 이게 ______________________ 모르겠구나.

(4) 기대나 희망이 너무 커서 이루어질 가능성이 없다는 것을 비꼬는 말

➜ 가: 나는 돈을 많이 벌어서 큰 회사를 만들 거야.
나: ______________________. 일단 취직부터 해.

읽고 쓰기

다음 글을 읽고 중심 내용을 요약해 보십시오.

(1) 한국에서는 결혼식을 성대하게 치르려는 경향이 있다. 거기에는 결혼 당사자들보다 양가 어른들의 의사가 큰 영향을 미치고 그러다보니 주변 사람들에게 보여주기 위한 겉치레가 중요해지는 것이다. 하지만 요즘은 '작은 결혼식'을 원하는 사람들이 늘고 있다. 얼마 전 한 유명 배우는 시골에서 가족들과 함께 국수를 삶아 먹으며 조용하고 소박하게 결혼식을 치렀다. 다른 연예인들처럼 큰 호텔에서 협찬을 받아 이루어진 화려한 결혼식은 아니었지만 아름답고 의미 있는 결혼식이었기에 많은 사람들이 부러워했다.

➜ ....

(2) 일명 '스드메'로 불리는 스튜디오 촬영, 드레스 대여, 메이크업에 많은 비용을 지불하는 대신 직접 웨딩 촬영을 하는 예비부부들이 늘고 있다. 가까운 곳에 가서 직접 준비한 소품을 활용해서 사진을 찍으면 부부만의 개성을 살릴 수 있을 뿐만 아니라 비용도 상당히 절약할 수 있기 때문이다. 또한 결혼반지를 사지 않고 공방에 가서 직접 만드는 부부들도 있다. 이렇게 하면 결혼반지의 의미도 살리고 좋은 추억도 만들 수 있어서 젊은 예비부부들에게 인기가 많다.

➜ ....

(3) 결혼을 하고도 혼인 신고를 미루는 '반혼'(반쪽결혼)커플이 늘고 있다. 최근 한 설문 조사 결과에 의하면 결혼식 직후에 혼인 신고를 하지 않고 1년 뒤에나 자녀를 낳은 뒤에 하겠다는 응답이 많았다고 한다. 그 이유는 취업이나 전세금 대출 등의 경제적인 문제를 해결하기 위해 미혼 신분을 유지하는 것이 낫기 때문인 것으로 볼 수 있다. 즉, 기혼 여성보다는 미혼 여성이 취업에 유리하며 각자 대출을 받는 것이 부부의 소득을 합산하지 않아도 되어 이점이 더 많다는 것이다.

➜ ....

9-2 한국의 떡 풍속과 음식 9

• 어휘

01 빈칸에 알맞은 표현을 골라 쓰십시오.

밀접하다 얹다 본뜨다 간편하다 기원하다

'밥 위에 떡'이라는 속담이 있다. 밥으로도 이미 충분한데 밥보다 더 좋은 떡을 그 위에 (1)__________ 이보다 더 좋을 수 없다는 뜻이다. 그 정도로 떡을 좋아했던 한국 사람들은 명절이나 중요한 행사에 반드시 떡을 먹었다. 백일이나 돌 때에는 아기의 건강을 빌면서 백설기와 수수경단을 먹었고 혼례 때에는 신랑 신부의 행복을 (2)__________ 의미로 달떡과 색편을 먹었다. 설날에는 옛날 화폐를 (3)__________ 만든 가래떡을 먹었고, 추석에는 한 해의 수확을 감사하며 송편을 먹었다. 떡은 일상생활과도 (4)__________ 관련이 있다. 개업을 하거나 이사를 가면 이웃에게 시루떡을 돌리고, 시험 치는 학생에게는 찹쌀떡을 선물한다. 그리고 요즘은 아침 식사 대용으로도 인기가 많은데 그 이유는 먹기가 (5)__________ 뿐만 아니라 포만감이 있고 건강에도 좋기 때문이다.

02 빈칸에 공통으로 들어갈 단어를 골라 쓰십시오.

주무르다 찌다 치다 지지다 빚다

(1) • 비만 오면 할머니는 허리가 아프다시며 나에게 __________ 달라고 하신다.
• 어머니는 빨래를 할 때 항상 손으로 __________ 다음 세탁기로 돌리신다.
• 고객의 돈을 자기 돈처럼 마음대로 __________ 은행 직원이 결국 처벌을 받았다.

(2) • 우리 가족은 추석 때마다 함께 모여서 송편을 __________.
• 국화를 넣어 __________ 국화주는 술맛뿐만 아니라 향기도 아주 좋다.
• 회사와 직원들 간에 임금 인상 문제로 마찰을 __________.

(3) • 친구는 부엌으로 가더니 먹음직스럽게 ____________ 빈대떡을 가져왔다.

• 찜질방에서 몸을 ____________ 있으면 피로가 싹 풀리는 것 같다.

• 어머니는 된장찌개를 맛있게 ____________ 저녁상에 올리셨다.

(4) • 겨울 동안 ____________ 살 때문에 작년 봄에 입었던 바지가 맞지 않는다.

• 감자를 ____________ 있는지 집에 들어오자 고소한 감자 냄새가 났다.

• ____________ 듯한 더위로 잠 못 드는 이런 밤에는 시원한 수박이 생각난다.

(5) • 액자를 걸기 위해서 벽에 망치로 못을 ____________.

• 여자들은 부엌에서 명절 음식을 만들고 남자들은 마당에서 떡을 ____________.

• 일기 예보에 의하면 천둥과 번개가 ____________ 강한 비가 내릴 것이라고 했다.

03 빈칸에 들어갈 단어를 고라 쓰십시오.

만족**감**

포만**감**

-감: 느낌이나 생각을 나타냄

성취**감**

책임**감**

(1) 많이 먹어 배가 가득 차 있는 느낌

➜ 나는 평소에 소식을 하기 때문에 밥을 조금만 먹어도 금세 ____________을 느낀다.

(2) 맡아서 해야 할 일이나 의무를 중요하게 여기는 마음

➜ 응급실 근무를 시작하던 날 의사는 환자의 생명을 살려야 한다는 ____________에 마음이 무거웠다.

(3) 기대하거나 필요한 만큼 이루어져 즐겁고 흐뭇한 마음

➜ 배우 김도현은 자신이 출연한 영화를 보고 나서 스스로의 연기에 대해 ____________을 표시했다.

(4) 목적한 것을 이루었다는 느낌

➜ 힘든 마라톤을 완주했을 때 말로 다 표현할 수 없는 ____________이 들었다.

문법 및 표현

A/V-(으)ㄴ/는지

01 '-(으)ㄴ/는지'를 사용하여 문장을 완성하십시오.

(1) 친구가 과일 가게에서 과일의 냄새를 맡으면서 이것저것 살피고 있다.
➜ 친구가 과일을 ____________________ 이것저것 살피고 있다.

(2) 급한 일이 있어서 어머니께 전화를 여러 번 했지만 받지 않으셨다.
➜ 어머니께서 ____________________ 전화를 받지 않으셨다.

(3) 언니가 아침부터 콧노래를 부른다.
➜ 언니가 기분이 ____________________ 아침부터 콧노래를 부른다.

(4) 친구는 옷 가게 점원이 추천해 준 옷을 잠깐 보더니 다시 다른 옷을 보고 있다.
➜ 친구는 가게 점원이 추천해 준 옷이 마음에 ____________________ 다른 옷을 보고 있다.

02 '-(으)ㄴ/는지'를 사용하여 글을 완성하십시오.

같은 반 친구 리처드가 오늘 학교에 결석했다. 무슨 일이 있는 건 (1)아닌지 걱정이 되어서 쉬는 시간에 전화를 했지만 받지 않았다. 수업이 끝나자마자 리처드의 집으로 찾아갔다. 그런데 리처드가 잠을 (2)____________ 아무리 두드려도 문은 열리지 않았다. 걱정되는 마음에 문 앞에서 10분을 더 기다렸더니 마침내 리처드가 문을 열었다. 그런데 몸이 많이 (3)____________ 리처드의 표정이 안 좋았다. 물어보니 몸살감기라고 했다. 나는 리처드의 집 안으로 들어갔다. 밥을 전혀 못 (4)____________ 기운이 없어 보이길래 침대에 누워 있으라고 했다. 나는 얼른 죽을 끓여서 리처드에게 먹였다. 하지만 리처드는 통 입맛이 (5)____________ 겨우 한 숟가락을 입에 넣고는 더 못 먹겠다고 했다. 그리고 다시 침대에 누워서 잠이 들어 버렸다. 감기약은 (6)____________, 병원에는 (7)____________ 알 수가 없어 더욱 애가 탔다.

A/V-았/었으면 하다[싶다/좋겠다]

03 '-았/었으면 하다[싶다/좋겠다]'를 사용하여 대화를 완성하십시오.

(1) 가: 내일 체육 대회가 있는데 비가 너무 많이 와서 걱정이야.
나: 그러게. 내일은 ______________________________.

(2) 가: 30년 후에는 어떻게 살고 싶어요?
나: 조용한 시골에 가서 ______________________________.

(3) 가: 할머니는 소원이 뭐예요?
나: 나도 저 새처럼 하늘을 ______________________________.

(4) 가: 팀 과제를 혼자 하려니 힘드시죠?
나: 정말 힘들어요. 팀원들이 ______________________________.

(5) 가: 태권도를 배우고 싶다는 생각은 언제부터 하셨어요?
나: 십 년 전부터 태권도를 ________________ 이번 기회에 배우게 돼서 무척 기뻐요.

04 '-았/었으면 하다[싶다/좋겠다]'를 사용해서 문장을 만들어 보십시오.

(1) 어머니
"______________________________."

(2) 선생님
"______________________________."

(3) 식당 주인
"______________________________."

A/V-(으)ㄴ/는 만큼

05 '-(으)ㄴ/는 만큼'을 사용하여 문장을 완성하십시오.

모시 잎으로 만들 수 있는 떡, 송편 · 가래떡 · 개떡 등 다양

예로부터 여름철 옷의 재료로 많이 이용되던 모시는 이제 음식 재료로도 사용되고 있다. 모시 잎을 이용해서 국수 면을 만들거나 맛을 내기 위해 음식에 모시 잎을 첨가하기도 한다. 추석이나 설날 같은 명절에는 모시 잎을 이용해 떡을 만들기도 하는데, (1)모시 잎으로 만든 떡은 흰쌀로 만든 떡보다 칼로리가 낮기 때문에 특히 여성들에게 인기가 좋다. 또한 (2)모시 잎에는 칼슘, 철분 등의 영양소가 풍부해서 피부 건강과 스트레스 완화에 도움이 된다고 한다.

(1) 모시 잎으로 만든 떡은 **칼로리가 낮은 만큼** 여성들에게도 인기가 좋다.

(2) 모시 잎은 ________________ 피부 건강과 스트레스 완화에 도움이 된다고 한다.

떡을 빚으며 '문화가 있는 날'의 참뜻을 되새기다

국립고궁박물관은 '문화가 있는 날'(매달 마지막 주 수요일)에 청각장애인을 초대하여 한국의 전통 떡을 만들어 보는 체험 행사를 실시한다. 행사에 참여하는 청각장애인들은 궁중에서 즐겨 먹던 전통 떡을 직접 만들고 시식도 하면서 (3)평소 접할 기회가 적었던 궁중 문화를 직접 체험해 보는 기회를 갖게 된다. 특히 이번 행사는 (4)청각장애인들이 보다 쉽게 이해하고 배울 수 있도록 전문 수화 통역원이 수화로 전달하는 방식으로 진행된다.

관계자에 의하면 (5)장애인과 같은 문화 소외 계층에게 전통 문화를 체험할 수 있는 기회를 제공하기 위해 이번 행사를 기획하게 되었다고 한다.

(3) 궁중 문화는 평소 ________________ 참여자들에게 특별한 의미가 될 것이다.

(4) 전문 수화 통역원이 ________________ 청각장애인들이 보다 쉽게 이해하고 배울 수 있을 것이다.

(5) 이번 행사의 목적은 문화 소외 계층에게 ________________ ________________ 장애인들에게 좋은 기회가 될 수 있을 것이다.

1과 여론과 대중
2과 전설과 속담
3과 취미와 여가
4과 생태와 환경
5과 현대 사회
6과 한국의 전통
7과 소비와 경제생활
8과 한국의 문학
9과 풍속과 음식
10과 대학 생활

V-(으)ㄹ 겸 (해서)

06 '-(으)ㄹ 겸 -(으)ㄹ 겸 (해서)'를 사용하여 문장을 완성하십시오.

(1) **가족과 함께 미술관 나들이도 하고 전시도 보고**

가정의 달을 맞아 미술관에서 온 가족이 함께 즐길 수 있는 다양한 문화 예술 행사와 기획전이 마련된다.

➔ 이번 주말에는 ______________________ 미술관에 한번 가 볼까요?

(2) **춘곤증 물리치는 스트레칭**

봄이 되니 몸이 나른하고 눈꺼풀이 무거우신가요?
간단한 스트레칭으로 건강도 지키고 업무의 효율도 높일 수 있습니다.

➔ 직원 여러분! 하던 일을 잠시 멈추고 ______________________ 다 같이 스트레칭을 해 봅시다.

(3) **가죽 세공, 취미와 부업 '두 마리 토끼'**

가죽으로 세상에 하나밖에 없는 자신만의 소품을 만들 수 있는 가죽 세공이 취미 활동 및 부업으로 떠오르고 있다.

➔ 요즘 가죽 세공이 인기 있다는데 ______________________ 나도 배워 보고 싶네요.

(4) **더위와 피로 모두 날리는 자연 휴양림으로**

자연 속에서 더위를 피할 수 있을 뿐만 아니라 쌓인 피로도 풀 수 있어 자연 휴양림이 인기를 얻고 있다.

➔ 올 여름 휴가 장소는 ______________________ 자연 휴양림으로 정해야겠어요.

읽고 쓰기

다음을 참고하여 아래의 글을 완성해 봅시다.

한국의 발효 식품 된장

(1) 개념: 삶은 콩을 찧어서 발효시킨 메주를 다시 발효시켜 만든 장

(2) 역할: 찌개, 장아찌, 쌈장, 고기 양념 등 한국 음식 전반에서 쓰인다.

(3) 관련 상품: 된장 차, 된장 라면, 된장 초콜릿, 가루 된장, 화장품 등

(4) 효능: • 면역력을 강하게 하고 항암 작용을 한다.
• 몸에 있는 나쁜 세균을 없애고 피로 회복에 도움을 준다.

(5) 단점: • 냄새가 많이 난다.
• 염도가 높아서 나트륨을 많이 섭취하게 된다.

(6) 개선 방안: • 된장 요리를 할 때 야채를 함께 넣으면 염도를 낮추고 비타민도 보충할 수 있다.
• 된장 냄새가 싫은 사람은 가루 된장을 이용하면 좋다.

'건강, 슬로, 로컬'로 대표되는 요즘의 식품 경향 속에서 한국의 전통 발효 식품인 된장이 새롭게 주목받고 있다. 된장이란 ....
....을/를 말하는 것으로
....(으)로 쓰인다. 요즘은
.... 효능이 입증되어 된장 차나
.... 등으로 다양하게 이용되고 있다.
그러나 된장은 냄새가 많이 나고 염도가 높아서 처음 먹는 사람에게는 거부감이 들 수도 있다. 그러므로 된장 요리를 할 때 ....
.... 된장을 더욱 건강하게 즐길 수 있을 것이다.

1과 여론과 대중
2과 전설과 속담
3과 취미와 여가
4과 생태와 환경
5과 현대 사회
6과 한국의 전통
7과 소비와 경제생활
8과 한국의 문학
9과 풍속과 음식
10과 대학 생활

더 배워 봅시다

접두사 접미사 4

01 –투성이: '그것이 너무 많은 상태', '그런 상태의 사물, 사람'의 의미

흙투성이, 피투성이, 먼지투성이, 거짓말투성이 등

예 동생은 비를 맞으면서 축구를 했는지 **흙투성이**가 되어 왔다.
연극 '불편한 동기'는 **실수투성이** 젊은이들의 생활을 재미있게 표현한 작품이다.

02 –거리다: '그런 동작이나 모양이 되풀이됨'의 의미

깜빡거리다, 두근거리다, 비틀거리다, 꾸물거리다, 빈둥거리다, 투덜거리다, 반짝거리다, 중얼거리다, 더듬거리다, 흔들거리다 등

예 아이들이 **더듬거리며** 이야기할 때 부모는 아이의 말을 가로채지 말고 기다려 줘야 한다.
하루종일 집안에서 **빈둥거렸더니** 바깥 소식이 궁금해지기 시작했다.

03 –게/개: 사람 또는 도구를 뜻함

덮개, 지우개, 찌개, 이쑤시개, 지게, 집게 등

예 친구는 한 손에는 **집게**, 한 손에는 가위를 들고 능숙하게 고기를 구웠다.
재료를 담은 접시를 **덮개**로 덮은 후 오븐에 넣고 약한 불로 40분쯤 익혀 주세요.

04 –껏: '그것이 가장 높은 한도에 이르도록'의 의미

마음껏, 정성껏, 힘껏, 소신껏

예 먼 길 와 주셔서 감사해요. **마음껏** 드시고 부족하면 말씀하세요.
예 국민 여러분들이 **정성껏** 모금해 주신 성금을 도움이 필요한 사람들에게 전달하였습니다.

※ 알맞은 단어를 넣어 대화를 완성하세요.

(1) 가: 요즘 교육 정보가 곳곳에 넘쳐나는데 뭐가 좋고 나쁜지를 모르겠어요.
나: 어렵게 생각하지 마세요. 교육은 학생을 사랑하는 마음으로 ________________ 하면 돼요.

(2) 가: 그 애한테 어떻게 고백하면 좋을까? 생각만 해도 가슴이 ________________.
나: 음, 내 생각엔 진심을 담아서 솔직하게 이야기하는 게 제일 좋을 것 같아.

(3) 황사와 꽃가루가 날리는 봄철에 민낯으로 외출하면 얼굴이 ________________이/가 되므로 가벼운 화장을 해 주는 것이 더 좋습니다.

(4) 식사 후 음식물 찌꺼기를 제거하기 위해 사용하는 ________________이/가 치아 건강을 해칠 수 있다고 합니다. 치아의 청결을 위지하기 위해서는 치실을 사용하는 것이 좋습니다.

대학 생활 TIP

A+ 리포트 작성하기 3

• 객관적 자료를 활용하자

리포트에 들어가는 자료는 '객관적' 이어야 한다. 참고 문헌이나 논문 자료, 권위자의 말을 인용함으로써 객관성을 확보하여 더욱 믿음이 가는 리포트를 만들 수 있다. 신문 기사, 뉴스, 인터뷰, 관련 서적도 신뢰성을 높일 수 있는 자료이며 한국교육학술정보원 'RISS' 사이트를 이용하면 학술 논문을 쉽게 찾을 수 있다. 참고 문헌을 쓸 때는 책이름, 출판사, 저자, 페이지를 포함시키는 것이 좋다.

살아있는 한국어 워크북 5

제 10 과

대학 생활

10-1 모임과 활동

어휘

문법 및 표현
- V-(으)려던 참이다
- V-(으)나 마나
- N(이)나 N(이)나 할 것 없이

읽고 쓰기

10-2 수강 신청과 학점

어휘

문법 및 표현
- A/V-(으)ㄴ/는 법이다
- V-기 십상이다
- V-는 한
- A/V-지 않고서는 A/V-(으)ㄹ 수 없다

읽고 쓰기

더 배워 봅시다

접두사 접미사 5

10 대학 생활

10-1 모임과 활동

어휘

01 빈칸에 알맞은 단어를 골라 쓰십시오.

기왕 얼핏 억지로

(1) 산과 들에 피어 있는 이름 모를 꽃들. ____________ 보면 풀 같기도 하고 꽃 같기도 하다. 가까이 가서 자세히 보면 그 아름다움에 놀라고 또 그 향기에 감탄하게 된다.

(2) 그냥 걷기만 해도 좋지만 어차피 걷는다면 제대로 걷는 것이 더 좋다. 잘 걸으면 덜 피곤하고 몸도 더 좋아진다. 제대로 걷는 법은 어렵지 않다. 몸통으로 걷는다는 느낌을 갖고 팔다리를 시원시원하게 움직이면 된다. ____________ 걷는 거 오늘부터 제대로 걸어 보자.

(3) 일기를 쓰면 좋다는 것은 누구나 인정하는 사실이다. 그러나 일기를 날마다 쓰라고 강요하는 것은 오히려 아이들에게 일기 쓰기에 대한 거부감을 줄 수 있다. ____________ 쓰는 것이 아니라 아이들이 스스로 즐겁게 일기를 쓸 수 있도록 도와주어야 한다.

02 빈칸에 공통으로 들어갈 단어를 골라 쓰십시오.

넓히다 익히다 어색하다 어울리다

(1) • 10년 만에 집을 ____________ 큰 집으로 이사를 가게 되었다.
• 마을을 출입하는 차가 많아져서 마을 입구의 길을 ____________ 했다.
• 아버지의 사업을 이어받은 형은 점차 회사의 규모를 ____________ 갔다.

(2) • 그건 학생이라는 신분에 ______________ 행동이 아닙니다.

• 그는 성격이 좋아서 처음 보는 사람들과도 잘 ______________.

• 건물을 지을 때는 주위 환경과 잘 ______________ 지어야 한다.

(3) • 소고기는 살짝 ______________ 먹어야 맛있습니다.

• 이사 온 동네의 지리를 ______________ 겸 저녁을 먹고 산책을 했다.

• 할아버지는 책을 읽는 것보다 기술을 ______________ 것이 더 좋다고 생각하셨다.

(4) • 낯선 사람과 마주 보고 앉아 있는 것이 ______________ 밖으로 나왔다.

• 왜 연락을 하지 않았느냐는 질문에 친구는 ______________ 변명을 늘어놓았다.

• 양복에 운동화를 신은 모습이 처음에는 ______________ 보였는데 자꾸 보니 어울리는 것 같다.

03 빈칸에 들어갈 단어를 골라 쓰십시오.

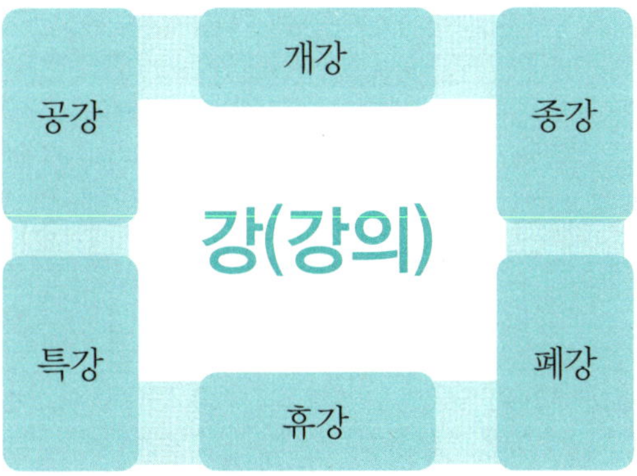

• 개강: 강의를 시작함
• 종강: 한 학기의 강의가 끝남
• 폐강: 강의를 없앰
• 휴강: 강의를 하지 않고 쉼
• 특강: 특별히 하는 강의
• 공강: 주로 대학교에서 강의와 강의 사이에 강의가 없는 때

(1) 이 시험만 끝나면 ______________ 내일부터 방학이다.

(2) 월요일은 ______________이 없을 정도로 강의 일정이 빡빡하다.

(3) 교수님은 개인 사정으로 내일 ______________을 하겠다고 말씀하셨다.

(4) 이 강의는 신청 인원이 부족해서 ______________이 될지도 모르겠습니다.

(5) 학교에서 학생들을 위해 여름 방학 동안 글쓰기 ______________을 열기로 했다.

(6) 방학이 끝나고 2학기가 ______________을 한 지 한 달이 지나도록 상우는 학교에 오지 않았다.

04 빈칸에 들어갈 단어를 골라 쓰십시오.

-히 부사를 만드는 접미사		
돈독하다	→	돈독**히**
당당하다	→	당당**히**
고요하다	→	고요**히**
철저하다	→	철저**히**

(1) 어머니는 무릎을 꿇고 ____________ 기도를 하고 계셨다.

(2) 경찰은 음주 운전 차량을 ____________ 단속하기로 했다.

(3) 두 사람은 오랜 시간동안 우정을 ____________ 쌓아 왔다.

(4) 마리는 면접관의 어려운 질문에도 고개를 들고 ____________ 대답했다.

05 빈칸에 들어갈 단어를 골라 쓰십시오.

-이 부사를 만드는 접미사		
한없다	→	한없**이**
꿋꿋하다	→	꿋꿋**이**
깊다	→	깊**이**
길다	→	길**이**

(1) 세종대왕의 업적은 역사에 ____________ 남을 것입니다.

(2) 평생 고생하신 어머니를 생각하니 눈물이 ____________ 흘러내렸다.

(3) 상우는 더 많은 물고기가 보고 싶어서 물 속 ____________ 내려갔다.

(4) 민주는 어려운 환경 속에서도 희망을 잃지 않고 ____________ 살아가고 있다.

문법 및 표현

V-(으)려던 참이다

01 '-(으)려던 참이다'을 사용하여 문장을 완성하십시오.

(1)  "고마워. 그렇지 않아도 목이 말라서 음료수를 사러 가려고 했거든."

→ 음료수를 사러 가려던 참이었는데 마침 친구가 음료수를 사 왔다.

(2)  "피자 사 왔구나. 밥을 하려고 했는데 이 피자로 저녁을 대신하면 되겠어."

→ ______________________________.

(3)  "바닥에 과자 부스러기가 많이 떨어져 있어서 청소를 하려고 했는데 네가 벌써 청소기를 돌리는구나."

→ ______________________________.

(4)  "오늘 저녁 약속을 어떻게 할 건지 궁금해서 문자 메시지를 보내려고 했는데 전화 주셨네요."

→ ______________________________.

(5)  "소영 씨. 먼저 이야기해 줘서 고마워요. 사실 왜 혼자 먼저 출발했는지 이유가 궁금해서 물어보려고 했거든요."

→ ______________________________.

V-(으)나 마나

02 '-(으)나 마나'을 사용하여 문장을 완성하십시오.

(1) 가: 너 기침을 너무 오래 하는 것 같은데 병원에는 가 봤니?
나: 꼭 진찰을 받아 봐야 아니? 감기라고 할 게 뻔한데.

→ 진찰을 받아 보나 마나 감기일 것이다.

(2) 가: 상우가 이따 저녁에 좀 보재. 할 말이 있는 거 같던데.
나: 무슨 얘기를 하려는지 안 들어도 알아. 보고서 작성하는 거 도와달라는 거야.

→ ______________________.

(3) 가: 서류 다 작성했습니다. 혹시 틀린 게 없는지 검토 좀 해 주세요.
나: 검토할 필요도 없어요. 미영 씨가 만든 서류라면 틀림없이 잘 만들었을 테니까요.

→ ______________________.

(4) 가: 장학금 신청서 냈어? 5시까지니까 늦지 않도록 해.
나: 나는 포기할래. 신청서 내도 심사에서 떨어질 게 뻔한걸. 지난 학기 학점이 너무 안 좋았어.

→ ______________________.

(5) 가: 너한테 소포 왔어. 아버지가 보내신 거야. 네 생일 선물인 거 같은데 열어 봐.
나: 또 운동화일 거야. 아빠는 내 생일 때 마다 운동화를 선물로 주시거든. 그렇게 받은 운동화가 몇 켤레나 되는지 몰라.

→ ______________________.

N(이)나 N(이)나 할 것 없이

03 '(이)나 ~(이)나 할 것 없이'를 사용하여 대화를 완성하십시오.

(1) 가: 이 식당에는 겨울에도 냉면을 하네요. 다른 식당은 보통 여름에만 팔던데요.
나: 그래서 이 식당에 자주 와요. 여름이나 겨울이나 할 것 없이 언제든지 냉면을 먹을 수 있거든요.

(2) 가: 처음에는 아이를 위한 동화라고 생각하고 읽었는데 어른인 저도 감동을 받았어요.
나: 맞습니다. 이 책은 ____________ 많은 감동을 받는 동화입니다. 그래서 부모님과 아이가 함께 읽으면 더 좋습니다.

(3) 가: 등에 메는 가방은 학생들이 학교 갈 때만 사용하는 건 줄 알았는데 요즘은 직장인들도 많이 메고 다니네요.
나: 편하잖아요. 그래서 요즘은 ____________ 등에 메는 가방을 선호하는 것 같아요.

(4) 가: 요즘은 담배 피우는 사람들이 갈 곳이 없어요. 집에서는 당연히 못 피우고 이젠 회사에서도 피울 수 없으니 말이에요.
나: 맞아요. ____________ 모두 금연 구역이니 정말 힘드네요.

04 알맞은 것을 골라 문장을 완성하십시오.

너 나 할 것 없이	두말할 것 없이

(1) 이 식당에 와 본 사람이라면 ____________ 이 집의 김치 맛을 칭찬한다.

(2) 태풍으로 무너진 담을 고치는 일에 동네 사람들이 ____________ 모였다.

(3) 세종대왕은 많은 업적을 세웠지만 가장 위대한 업적은 ____________ 훈민정음 창제이다.

(4) 국가의 기본은 ____________ 국민이다. 따라서 정치는 국민의 삶을 위해 이루어져야 한다.

1과 여론과 대중
2과 전설과 속담
3과 취미와 여가
4과 생태와 환경
5과 현대 사회
6과 한국의 전통
7과 소비와 경제생활
8과 한국의 문학
9과 풍속과 음식
10과 대학 생활

읽고 쓰기

다음 개요 노트를 읽고 '대학 생활 안내문'을 작성하십시오.

대학의 기능

1. 교육 기능
   - 발생 초기부터 교육 기능을 중심으로 대학이 운영됨
   - 중세 대학은 교육을 통하여 신학의 이론적 근거를 제공함
   - 그 후 과학적 방법으로 발견한 실용적 지식을 전달하는 형태로 전화됨

2. 연구 기능
   - 대학 발생 초기, 연구는 대학의 필수 기능이 아니었음
   - 19세기 학문 활동의 관심이 지식 전달에서 새로운 지식 발견으로 옮겨짐. 연구 기능이 교육 기능과 동등한 위치로 변함

3. 사회봉사 기능
   - 교육 기능과 연구 기능의 성과를 사회를 위해 활용하는 것
   - 대학들이 산업 발전을 위한 활동을 하면서 시작됨

대학의 기능은 크게 교육 기능, 연구 기능, 사회봉사 기능으로 나누어 설명할 수 있다. 대학은 발생 초기부터 교육 기능을 중심으로 운영되었다. 중세의 대학은 교육을 통하여 교회 교리를 설명하고 신학의 이론적 근거를 제공하였다. 그 후 ....

....

....

....

....

대학은 이러한 학문적 기능 외에 사회적 기능을 가진다. 과거 혈통이 신분을 결정하였다면 오늘날은 학력이 사회적 신분은 결정하게 되었다. 자칫 대학의 기능이 취업을 위한 준비 과정으로 오인되는 현실 상황에서 대학이 가진 본질적인 기능에 대해 다시 한 번 생각해 보는 시간을 가져야 할 것이다.

10-2 수강 신청과 학점 대학 생활 10

어휘

01 빈칸에 공통으로 들어갈 단어를 골라 쓰십시오.

짜다	끼우다	내딛다

(1) • 어제까지 잘 사용했던 열쇠인데 아무리 ______________ 문이 열리지 않았다.
• 공부방 전등이 고장이 나서 새것으로 갈아 ______________.
• 과자를 ______________ 팔았더니 맥주의 매출이 2배나 증가했다.

(2) • 감독은 이번 경기에서 꼭 이기기 위해 새로운 작전을 ______________.
• 소금은 건강에 좋지 않으니 ______________ 음식은 피하는 것이 좋다.
• 남자 친구에게 선물하려고 털실로 목도리를 ______________ 있다.

(3) • 바닥이 미끄러우니까 발을 ______________ 때 넘어지지 않도록 조심하세요.
• 이번 수출을 통해 세계적인 기업으로 가는 발걸음을 힘차게 ______________ 되었습니다.
• 사회에 첫걸음을 ______________ 신입 사원 여러분에게 당부의 말씀을 드리겠습니다.

02 빈칸에 알맞은 단어를 모두 골라 쓰십시오.

빼다	제외하다

(1) 나는 토요일을 ______________ 매일 봉사활동을 한다.
(2) 어른과 이야기할 때는 주머니에서 손을 ______________ 합니다.

쉽다	수월하다

(3) 깨지기 ______________ 그릇이니까 조심해서 다뤄 주세요.
(4) 이 도서관은 정리가 잘 되어 있어서 자료 찾기가 ______________.

주다	수여하다

(5) 삼촌은 입학을 축하한다며 나에게 용돈을 ____________.

(6) 장학금은 성적뿐만 아니라 출석율과 수업 참여도 등을 고려하여 ____________ 했다.

열다	개최하다

(7) 형은 집에서 가까운 네거리에 피자 가게를 ____________.

(8) 만약 한국에서 다시 올림픽을 ____________ 된다면 아마 부산이 유력할 것이다.

03 빈칸에 알맞은 단어를 골라 쓰십시오.

더러	한결	심지어

(1) 정부는 아이디(ID)와 패스워드만으로 결제가 가능한 간편결제제도를 도입하기로 했다. 이를 통해 외국인이나 교포들도 ____________ 편하게 온라인 쇼핑을 이용할 수 있게 될 것으로 예상된다.

(2) 최근 배우 안재민과 박현주의 열애가 공개되면서 뮤지컬에서 만나 사랑에 골인한 커플들에 대한 관심이 높아지고 있다. 배우 이하나는 배우들이 작품에서 만나 사랑에 빠지는 경우가 ____________ 있다고 고백했다.

(3) 대학생들을 대상으로 결혼에 대한 의식을 조사한 결과 여학생들이 남학생들에 비해 결혼에 대해 부정적인 생각을 갖고 있는 것으로 나타났다. 남학생의 경우 '결혼은 꼭 해야 한다'는 응답이 60%로 부정적인 응답(24%)보다 훨씬 많았으나 여대생의 경우 '결혼을 꼭 해야 할 필요는 없다'고 대답한 비율이 47%로 '해야 한다(34.5%)'는 응답보다 높았다. 원하는 자녀의 수는 여대생이 1.7명으로 남학생의 2.6명보다 적었으며 ____________ '자녀를 낳고 싶지 않다'는 응답도 16%였다.

04 알맞은 표현을 골라 대화를 완성하십시오.

첫발을 내딛다	첫 삽을 뜨다	첫 단추를 잘못 끼우다

(1) 가: 선배로서 신입 사원들에게 해 주고 싶은 조언 한 말씀 부탁드립니다.
나: 모든 일이 그렇듯이 직장 생활에서도 첫인상이 중요합니다. ________________ 직장 생활이 힘들어집니다. 그러니 처음 맡게 되는 일에 최선을 다하십시오.

(2) 가: '대학 생활 길라잡이'라는 책에 대해 소개해 주시겠습니까?
나: 이 책은 대학 생활에 ________________ 신입생들을 위한 안내문입니다. 수강 신청 방법, 공강 시간 활용법 등 유용한 정보가 많이 들어 있으니 꼭 읽어 보시기 바랍니다.

(3) 가: 경부고속도로가 완공된 지 50년이 되었습니다. 한국 경제 발전의 밑거름이 된 경부고속도로 건설에 대해 이야기 좀 해 주시겠습니까?
나: 참 힘든 공사였습니다. 고속도로 건설의 ________________ 날을 지금도 기억합니다.

05 다음 정의를 읽고 빈칸에 알맞은 단어를 골라 쓰십시오.

개설하다	정정하다	수강하다	작성하다	제출하다

(1) 강의를 듣다.
➜ 직장에 다니면서 공부를 해야 하는 마이클은 밤에 ________ 수 있는 과목을 찾고 있다.

(2) 서류 등을 만들다.
➜ 영어 특강을 들으려면 먼저 신청서를 ________ 수강료를 납부하면 됩니다.

(3) 잘못된 것을 고치다.
➜ 수강 신청한 과목은 다음 주 화요일까지 ________ 수 있으니 이번 주에 수업을 들어 보고 바꿔도 된다.

(4) 서류 등을 내다.
➜ 보고서는 금요일까지 이메일로 ________ 합니다. 그리고 다음 시간에 자신이 쓴 내용을 발표하기 바랍니다.

(5) 시설이나 제도 등을 새로 마련하고 그에 관한 일을 시작하다.
➜ 학교는 학생들의 요청에 의해 스페인어 강좌를 ________ 결정하고 교수를 모집했다.

문법 및 표현

A/V-(으)ㄴ/는 법이다

01 '-(으)ㄴ/는 법이다'를 사용하여 문장을 완성하십시오.

(1) 국내 1위 결혼정보회사 '만남'에서 미혼 남녀 426명을 대상으로 '첫사랑'에 대한 설문 조사를 실시했다. 설문 조사 결과에 따르면 88.8%의 응답자들이 '잊을 수 없는 첫사랑이 있다'고 답했다.

➜ 누구에게나 잊을 수 없는 첫사랑이 있는 법이다.

(2) 살인 누명을 쓰고 복역 중이던 사람이 무죄 선고를 받고 21년 만에 가족의 품으로 돌아갔다. 그는 인터뷰를 통해 "저는 진실은 언젠가는 밝혀질 거라고 믿었습니다. 그래서 포기하지 않았습니다."라고 소감을 말했다.

➜ 진실은 ______________________.

(3) 엄마는 아이에게 거울과 같은 존재이다. 엄마의 감정, 행동, 말은 아이에게 엄청난 영향을 미친다. 아이들은 엄마가 무의식적으로 쓰는 표현들을 금방 배우게 된다. 그러므로 엄마는 아이 앞에서 항상 말조심을 해야 한다.

➜ 아이들 앞에서 ______________________.

(4) 1년 안에 문을 닫는 기업이 40%에 달한다고 한다. 음식업의 경우는 50%가 문을 닫으며 5년 이상 살아남는 경우는 20% 정도밖에 되지 않는다고 한다. 실패의 가장 큰 원인은 준비 부족이다. 다른 사람이 많이 해서, 유행하니까 잘될 거라는 기대감으로 준비 없이 시작하면 실패하기 쉽다.

➜ 준비가 ______________________.

V-기 십상이다

02 '-기 십상'을 사용하여 기사 제목을 완성하십시오.

(1) **재래시장, 불이 나면 순식간에 옮겨 붙기 십상**

재래시장에 큰 화재가 자주 발생하는 이유는 화재에 무방비로 노출되어 있는 환경 때문이다. 상점들이 다닥다닥 붙어 있어서 불이 나면 순식간에 옆집으로 옮겨 붙을 확률이 높다.

(2) **주머니에 손 넣고 걷다가는** ______________________

추울 때 손을 주머니에 넣고 걷다가 미끄러지면 큰 부상을 입을 수 있다. 팔목, 엉덩이 등을 다칠 수 있으며 특히 머리에 부상을 당하면 심각한 상황을 초래할 수 있다. 그러니 추운 날씨에는 장갑을 끼고 손을 주머니에서 빼고 걸어야 한다.

(3) **어릴 때 짠 음식 많이 먹으면** ______________________

나트륨이 많이 든 짠 음식을 자주 먹게 될 경우 단 음식에 대한 욕구가 높아져 비만 위험이 증가할 수 있다. 특히 어릴 때부터 나트륨을 과다 섭취할 경우 여러 가지 성인병으로 이어질 가능성이 매우 높다.

(4) **겨울 등산, 눈 쌓이면** ______________________

요즘 눈 쌓인 겨울 산마다 등산객들이 몰리고 있다. 그러나 겨울 등산은 준비를 제대로 하지 않으면 매우 위험하다. 특히 눈이 많이 쌓이면 등산로가 잘 보이지 않기 때문에 등산객들이 길을 잃을 위험이 있다.

(5) **무분별하게 화장품을 사용하다가는** ______________________

요즘 10대들 사이에 메이크업 열풍이 불고 있다. 길거리에 나가면 어설프게 화장을 한 10대 여학생들을 쉽게 볼 수 있다. 하지만 스무 살이 되기 전에 무분별하게 화장품을 사용하다 보면 여러 가지 문제가 생겨 피부가 망가지게 된다. 스스로 절제하며 피부를 지켜야 더 아름다운 20대를 맞이할 수 있을 것이다.

V-는 한

03 '-는 한'을 사용하여 대화를 완성하십시오.

(1) 가: 이번 월드컵에서는 어느 팀이 우승할까요?
나: ______________________________ 한국 팀이 우승할 거라 예상됩니다.

(2) 가: 악성 댓글이 여전히 사회적 문제입니다. 해결 방법이 없을까요?
나: ______________________________ 악성 댓글은 사라지지 않을 겁니다.

(3) 가: 여자들이 승진을 할 때 남자에 비해 차별을 받는다는 주장이 있는데요. 어떻게 생각하십니까?
나: ______________________________ 이런 문제는 계속 발생할 것입니다.

(4) 가: 선생님을 본받고 싶어하는 젊은이들이 많습니다. 그들에게 한 말씀 부탁드립니다.
나: 꿈을 가지십시오. ______________________ 언젠가 성공하게 될 것입니다.

A/V-지 않고서는 A/V-(으)ㄹ 수 없다

04 '-지 않고서는 -(으)ㄹ 수 없다'를 사용하여 문장을 완성하십시오.

수험생 유의 사항

- 12시 30분까지 도착해야 함(12시 30분 이후 입실 불가)
- 신분증 반드시 소지해야 함(미소지 시 응시 불가)
- 시험 시간 도중 퇴실할 수 없음(시험 시간 종료 후 퇴실 가능)
- 감독관이 배부한 펜으로 답안지 작성하여야 함(지정된 펜을 사용하지 않았을 경우 0점 처리)

(1) 12시 30분까지 도착하지 않고서는 교실에 들어갈 수 없다.
(2) ______________________________ 시험에 응시할 수 없다.
(3) ______________________________ 교실에서 나갈 수 없다.
(4) ______________________________ 점수를 받을 수 없다.

다음은 대학생들이 수강 신청을 할 때 무엇을 고려하는지에 대한 조사 결과입니다. 그래프를 보고 남자와 여자의 차이를 비교하는 글을 써 봅시다.

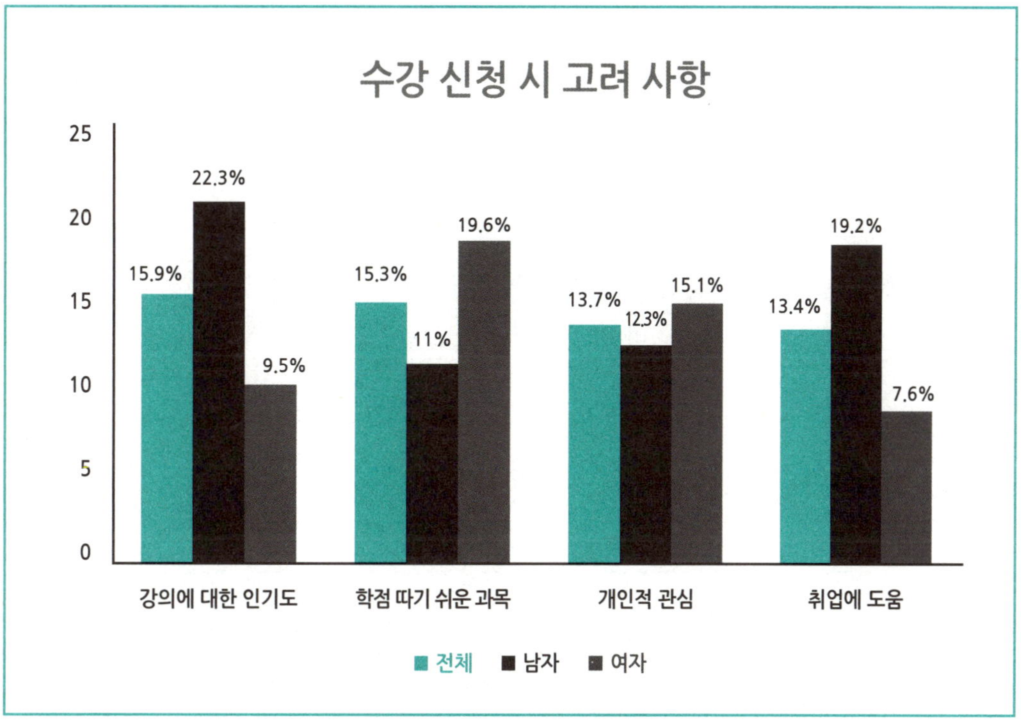

비교 표현

• 반면에, -은/는 반면에 • 이에 반해, -은/는 데 반해 • 이와 달리, 와/과 달리

개강을 앞둔 대학생 500명을 대상으로 수강 신청을 할 때 중요하게 고려하는 항목에 대해 설문 조사를 실시하였다. 조사 결과에 따르면 대학생들이 수강 신청을 할 때 가장 중요하게 고려하는 항목으로는 '강의에 대한 인기도'가 15.9%로 1위를 차지하였으며, '학점을 따기 쉬운 과목(15.3%)', '해당 과목에 대한 개인적 관심(13.7%)', '취업에 도움이 되는지 여부(13.4%)'가 그 뒤를 이었다.

성별에 따라서도 다른 결과를 보였는데, 남학생들은 ……………………………………

……………………………………………………………………………………………………

……………………………………………………………………………………………………

더 배워 봅시다

접두사 접미사 5

01 –지다: '그런 성질 또는 그런 모양'임을 나타냄

값지다, 기름지다, 멋지다, 그늘지다 등

예 자식에 대한 부모의 사랑은 세상에 있는 어떤 **값진** 것들과도 바꿀 수 없다.
쌀은 습기에 약하기 때문에 바람이 잘 통하고 **그늘진** 곳에 보관해야 세균의 번식을 막을 수 있다.

02 –성: '성질'의 뜻을 더함

먹성, 조심성, 사교성, 적극성, 창조성, 양면성, 인간성 등

예 저는 **사교성**이 없는 편이라 처음 보는 사람과 이야기하는 게 어려워요.
조심성이 없는 아이들에게 안전 의식을 심어줄 수 있는 책이 잘 팔리고 있다고 한다.

03 –맞다: '그것을 지니고 있음'의 뜻을 더함

쌀쌀맞다, 방정맞다, 심술맞다, 앙증맞다 등

예 외국어를 배울 때는 점잖게 중얼거리기보다 좀 **방정맞다** 싶을 정도로 해야 좋다.
앙증맞은 크기의 작은 꽃다발이 최근 젊은 연인들 사이에서 유행하고 있다.

04 –뜨리다: '강조'의 뜻을 더함

깨뜨리다, 부러뜨리다, 망가뜨리다, 넘어뜨리다, 떨어뜨리다

예 할머니께서 제일 아끼시는 찻잔을 **깨뜨려서** 할머니께 정말 죄송했다.
굶는 다이어트는 짧은 시간에 체중을 줄일 수 있지만 결국 몸을 **망가뜨리게** 되므로 피하는 것이 좋다.

※ 알맞은 단어를 넣어 대화를 완성하세요.

(1) 가: 여자끼리 살면 식비는 많이 안 들지?
나: 아니. 룸메이트랑 나는 ______________이/가 좋아서 생활비 대부분을 식비에 써.

(2) 가: 도대체 연필을 몇 개나 사는 거야?
나: 난 글씨를 쓸 때 연필심을 자주 ______________ 빨리 쓰는 편이거든.

(3) 가: 민호 씨, 궁금한 게 있는데요. 저 처음 봤을 때 어땠어요?
나: 솔직히 말하면 첫인상은 ______________ 보였어요. 그런데 이야기하면서 차츰 따뜻한 사람이란 걸 알게 됐어요.

(4) 가: 요즘 식도염으로 고생하는 분들이 많은데요. 원인은 무엇입니까?
나: 자기 전에 먹는 야식, 특히 튀김 같은 ______________ 음식이나 카페인 음료를 원인으로 볼 수 있습니다. 따라서 자기 전에는 되도록 음식 섭취를 피하는 것이 좋습니다.

• 대학 생활 TIP

A+ 리포트 작성하기 4

• 체계적인 리포트를 만들자

리포트의 두꺼운 내용을 함축적으로 보여주는 것이 바로 목차이다. 목차가 있으면 해당 내용을 쉽게 볼 수 있고, 또 훨씬 체계적인 리포트를 만들 수 있다. 또한 리포트에서 장황하게 늘어진 글이 있다면 그래프나 도표로 도식화하는 것이 알아보기 쉽고 깔끔하다. 그리고 리포트에 넣기에는 불필요해 보이고 빼기에는 불안하다면 '각주'를 활용해서 읽는 사람이 참고할 수 있도록 한다.

살아있는 한국어 워크북 5

살아있는 한국어 워크북 5

모범 답안

살아있는 한국어 워크북 5 모범 답안

제1과 여론과 대중

1-1 여론의 힘

1 어휘

01

(2) 요구하거나
(3) 실어주는
(4) 방영되고
(5) 엉뚱한

02

(1) 두말할 나위 없지요
(2) 더할 나위 없는
(3) 의심할 나위 없네요
(4) 생각할 나위 없는

03

(2) 소신
(3) 요구
(4) 비판
(5) 지지
(6) 보도

2 문법 및 표현

A/V-(으)ㄴ들

01

(2) 먹은들 얼마나 먹겠어요
(3) 운동을 열심히 한들 건강하겠어요
(4) 걱정한들 무슨 소용이 있겠어요
(5) 아르바이트를 많이 한들 돈이 있겠어요

02

(1) ①
(2) ②
(3) ②
(4) ①

A/V-고말고(요)

03

(2) 참석하고말고요
(3) 맛있고말고요
(4) 그렇고말고요
(5) 믿고말고

A/V-더라고(요)

04

(2) 사백 미터쯤 더 걸어가야 하더라고
(3) 온통 김광석의 얼굴과 다양한 그림들로 채워져 있더라고
(4) 남기도록 마련된 곳도 있더라고
(5) 사진을 찍으며 행복해하는 연인들의 모습이 눈에 많이 띄더라고
(6) 잠시 과거로의 여행을 다녀온 듯한 기분이 들더라고

05

(1) 좋아하시더라고요
(2) 힘들더라고요
(3) 어렵더라고요
(4) 괜찮더라고요

N에 의해(서)

06

(2) 권유에 의해
(3) 조사에 의해
(4) 여론에 의해
(5) 다수에 의해

3 읽고 쓰기

(1) 페인이 급식 사진을 SNS에 올린 것은 음식이 너무 형편없다고 생각했기 때문이다. 이처럼 사람들은 자신의 불만을 표시하거나 네티즌의 의견을 모을 때 SNS를 이용한다고 할 수 있다.

(2) 페인이 학교로부터 촬영 금지를 당했을 때처럼 사회적 약자가 강자로부터 부당한 대우를 받을 때 여론은 사회적 약자를 보호해 주는 역할을 할

수 있다.

(3) 국가가 인터넷 여론을 조작하거나 대기업이 SNS 이용자들에게 돈을 주고 마케팅 활동을 하게 하는 일도 생기고 있다. 그러므로 네티즌들은 이에 악용되지 않도록 여론이나 SNS의 내용을 무조건 믿지 말고 비판적으로 수용하는 자세가 필요하다.

(4) 이 모든 것을 가능하게 한 것은 SNS의 힘만이 아니다. 네티즌들이 힘을 모아 마사 페인의 일을 자기 일처럼 나서서 도와주었기 때문에 가능했다.

1-2 한국의 대중문화

1 어휘

01

(1) 올려(서), 올릴, 올렸다
(2) 열린, 열렸다, 열릴
(3) 얻었다, 얻을, 얻어(서)
(4) 갖춰(서), 갖춰, 갖춘
(5) 생기는, 생겨서, 생겼거든

02

(2) 손에 땀을 쥐게
(3) 발 벗고 나서서
(4) 눈 밖에 난
(5) 코가 납작해졌다
(6) 귀가 가려울거야

03

(1) 마침내
(2) 두루
(3) 그저
(4) 진작

04

(1) 대중매체
(2) 상품화
(3) 대중화
(4) 생명력
(5) 대중문화

2 문법 및 표현

N조차

01

(1) 조차
(2) 조차
(3) 까지
(4) 마저
(5) 조차
(6) 마저
(7) 까지

A/V-길래

02

(2) 운동을 얼마나 했길래 십 킬로그램이나 빠졌니
(3) 언제 출발했길래 아직도 안 오는 거야
(4) 술을 얼마만큼 마셨길래 고주망태가 된 겁니까
(5) 도대체 무슨 일이길래 안색이 그렇게 안 좋은 거예요

A/V-았/었더라면

03

(1) 조심해서 운전했더라면
(2) 인기를 얻지 않았더라면
(3) 여론을 고려했더라면
(4) 국도로 갔더라면
(5) 담뱃불을 함부로 버리지 않았더라면

V-(으)ㄹ걸 그랬다

04

(1) 건강을 관리할걸 그랬어요
(2) 준비를 철저히 할걸 그랬어요
(3) 다른 영화를 볼걸 그랬어요
(4) 알아둘걸 그랬어요

3 읽고 쓰기

요즘 남자들의 우정을 소재로 하는 '브로맨스' 프로그램이 인기를 끌고 있다. 이러한 사회 현상의 이유를 전문가들은 경쟁 사회 속에서 생활의 각박함을 느끼기 때문이라고 분석한다. 먹고 살기도 힘든 현실에서 이성 간의 로맨스 보다는 함께 위기를 돌파하는 동료애가 더 가슴에 와 닿는다는 이야기이다. 내 생각에는 남녀노소 모두가 공감할 수 있는 소소하고 인간적인 모습들이 브로맨스와 결합하여 대중들의 인기를 얻는 것 같다.

더 배워 봅시다

(1) 꼬리에 꼬리를 물고
(2) 가시방석에 앉은
(3) 낯 뜨거워 하는
(4) 귀가 솔깃해요

제2과 전설과 속담

2-1 아기장수 우투리

1 어휘

01

(1) 특정한
(2) 안타깝게
(3) 닥칠
(4) 유일한

02

(1) 가만히
(2) 딱
(3) 간절히
(4) 비극적인
(5) 비록

03

(1) 약점, 약점/단점, 단점
(2) 무섭게, 무서워/두려워, 무서울/두려울
(3) 가지세요, 지니고/가지고, 지니고

04

(1) 범상한
(2) 깃든
(3) 얽혀
(4) 염원하고
(5) 매달려

2 문법 및 표현

A/V-듯(이)

01

(1) 매일 밥을 먹듯이
(2) 하늘을 날듯이
(3) 시간이 지나면 시들듯이
(4) 얼굴이 다르듯이

02

(1) 비 온 뒤에 땅이 굳어지듯이
(2) 열 손가락 깨물어 안 아픈 손가락 없듯이
(3) 가지 많은 나무에 바람 잘 날 없듯이

A/V-(으)ㄴ 나머지

03

(1) 너무 긴장한 나머지 이름을 말하는 것을 잊어버렸어
(2) 너무 화가 난 나머지 상대팀 선수를 발로 찼거든
(3) 의욕이 앞선 나머지 갑자기 무리하게 운동을 했거든
(4) 너무 피곤한 나머지 차 안에서 잠이 들었대요
(5) 열중한 나머지 배고픈 것도 잊어버렸어요

N(으)로 말미암아

04

(1) 1인 가구의 증가로 말미암아
(2) 강풍으로 말미암아 진화에 어려움을 겪었다
(3) 짙은 안개로 말미암아 추락하고 말았다
(4) 엉터리 표지판으로 말미암아 관광객들이 길을 찾는 데 어려움을 겪는

3 읽고 쓰기

지명이란 지역의 이름이다. 왜 그 이름을 갖게 되었는지 그 유래에 관한 이야기가 바로 지명 전설이다. 유래의 종류에 따라 지명 전설은 크게 세 가지로 나눌 수 있다.

첫째, 역사적인 사건과 관련된 전설이다. 대구시에 있는 팔공산의 이름은 고려 건국 과정에서 있었던 공신 8명의 죽음과 관련이 있다. 충청남도 부여군 백마강에 있는 조룡대는 백제의 멸망이라는 역사적인 사건으로 인해 생긴 지명이다. 이러한 사건들은 그 지명 덕분에 오랫동안 사람들의 기억 속에 남아있게 된다.

둘째, 동물과 관련된 이야기이다. 충청남도 천안시 개목고개는 주인이 술에 취해 쓰러져 잠이 든 풀밭에 불이 나자 개가 제 몸에 물을 적셔 불을 끄고 마침내 주인을 살렸다는 이야기로 인해 생긴 지명이다. 충청남도 서산군의 말무덤은 전쟁에서 죽은 주인의 옷을 말이 물고 와서 죽은 곳이라는 전설이 있다. 이 곳의 지명에는 동물의 행동에서 교훈을 얻으려는 의미가 담겨 있다.

셋째, 그 지역의 모양 즉, 지형을 설명하는 것이다. 길이가 짧고 설명이 단순하지만 이 지역에 왜 이런 이름이 붙게 되었는가를 가장 합리적으로 설명하는 경우이다. 마이산은 산봉우리가 말의 귀를 닮았다고 해서 붙여진 이름이며, 하회마을은 마을 주위를 감싸 안고 흐르는 강의 모양이 '회(回)'자와 비슷하다고 해서 생긴 이름이다.

지명 전설은 그 지역의 역사이다. 따라서 그 의미를 알게 되면 지금까지 무관심했던 자기 지역에 관심과 애정이 생길 것이다. 따라서 숨겨져 있는 지명 전설의 발굴은 우리의 유산을 되찾는 의미 있는 일이 될 것이다.

2-2 말의 유래

1 어휘

01

(1) 상황
(2) 유래
(3) 흔히
(4) 하필
(5) 반영되어

02

(1) 쏘아, 쏘아
(2) 찬, 차
(3) 쳤다, 치기
(4) 부려, 부리는
(5) 가리키는, 가리켜

03

(1) 동의하는
(2) 동의했다
(3) 맞장구쳐
(4) 급한데
(5) 급하게
(6) 급하게/성급하게
(7) 얼른
(8) 재빨리/얼른
(9) 재빨리/얼른

04

(1) ②
(2) ④
(3) ③
(4) ①
(5) ⑤

05

(1) 남의 떡이 커 보이는
(2) 원숭이도 나무에서 떨어진다고
(3) 등잔 밑이 어둡다고
(4) 소 잃고 외양간 고치는군요
(5) 개구리 올챙이 적 생각 못한다고

2 문법 및 표현

A/V-게 마련이다

01

(1) 봄이 오게 마련이다
(2) 아이는 부모를 닮게 마련이다
(3) 사람마다 생각이 다르게 마련이다
(4) 장점이 많은 사람이 단점도 많게 마련이다

A/V-(으)ㄴ/는 탓에

02

(1) 사고가 나면 수리비가 부담스러운 탓에 수입차만 보면 피하게 돼요
(2) 몸이 계절의 변화에 적응하지 못하는 탓에 여러 가지 병에 걸리기 쉽거든요
(3) 전두엽이 마비되는 탓에 자제력이 떨어지거든
(4) 볼륨을 높여서 음악을 듣는 청소년들이 많아진 탓이야

V-는 사이(에)

03

(1) 자리를 비운 사이에
(2) 차 마시는 사이에
(3) 잠깐 이야기하는 사이에
(4) 인사하는 사이에

3 읽고 쓰기

(1) '꿩 대신 닭'은 적당한 것이 없을 때 그와 비슷한 것으로 대신하는 경우를 비유적으로 이르는 말이다. 예전에는 설날에 떡국을 끓일 때 반드시 꿩고기를 넣어서 끓였다. 그러나 꿩을 구하기가 어려웠던 일반 가정에서는 귀한 꿩고기 대신 구하기 쉬운 닭고기를 떡국에 넣는 경우가 많았는데 '꿩 대신 닭'이라는 말은 여기에서 유래한 것이다.

(2) '고명딸'은 아들이 많은 집의 외딸을 가리키는 말이다. 원래 고명은 음식을 먹음직스럽게 보이도록 하기 위해 음식 위에 뿌리는 것인데, 음식을 먹는 사람에 대한 존중과 배려를 표현한다. 그래서 '고명딸'은 아들이 많은 집에서 귀여움을 받는 귀하고 소중한 하나뿐인 딸을 의미하는 말이 되었다.

(3) '개밥에 도토리'는 따돌림을 받아서 사람들 사이에 끼지 못하는 사람을 비유적으로 이르는 말이다. 원래 개는 도토리를 먹지 않기 때문에 밥 속에 도토리가 섞여 있으면 먹지 않고 남긴다. '개밥에 도토리'라는 말은 여기에서 유래한 것이다. 예를 들어 회사에서 동료들과 어울리지 못하고 혼자 일하는 사람을 '개밥의 도토리'라고 한다.

더 배워 봅시다

(1) 등을 돌리고
(2) 눈에 불을 켜고
(3) 발뺌 한대요
(4) 몸 둘 바를 모르겠습니다

제3과 취미와 여가

3-1 취미 생활

1 어휘

01

(1) 미신
(2) 점
(3) 점괘
(4) 굿
(5) 근거

02

(1) 그럴듯하게, 그럴듯한
(2) 적응돼서, 적응되지
(3) 벗어나(서), 벗어난
(4) 불확실하다, 불확실하게
(5) 의지한, 의지해(서)
(6) 무기력한, 무기력하게

03

(1) 별나서
(2) 짜릿했다
(3) 연마해야
(4) 공감하면
(5) 취득했다
(6) 몰두해서

2 문법 및 표현

N(이)라고는

01

(2) 먹을 거라고는

(3) 아는 거라고는
(4) 읽은 책이라고는

A/V-아/어서인지

02

(2) 물가가 상승해서인지 서민들이 더욱 살기어려워졌어
(3) 열대야가 계속 되어서인지 밤에 잠을 못 이루는 사람들이 많아
(4) 여가 시간이 늘어나서인지 사람들이 다양한 취미 생활을 즐기고 있어
(5) 스트레스를 많이 받아서인지 마음의 병이 생기는 사람들이 늘고 있어

A/V-다고 해서

03

(2) 유통기한이 지났다고 해서
(3) 인터넷에 소개되었다고 해서
(4) 마일리지와 포인트를 쌓아 놓는다고 해서
(5) 복권에 1등으로 당첨됐다고 해서

V-(으)ㄴ/는 셈 치다

04

(2) 속는 셈 치고
(3) 아르바이트하는 셈 치고
(4) 잃어버린 셈 치고/ 친구한테 준 셈 치고

05

(1) 잘한 셈이다
(2) 갈 셈이야
(3) 주는 셈이에요
(4) 없는 셈 치고
(5) 볼 셈이야

3 읽고 쓰기

(1) 아날로그 감성을 자극하는 취미가 인기
(2) • 단순하지만 집중력이 요구되는 색칠을 통해 잡념이 사라진다.
• 어린 시절에 대한 향수를 느낄 수 있고, 색을 선택하는 과정에서 재미를 느낄 수 있다.
• 다른 취미에 비해 돈이 적게 들고, 그림을 완성했을 때 성취감을 느낄 수 있다.

(3) 과거에는 어른과 아이의 행동을 연령에 따라 규정지었다면 지금은 연령에 관계없이 감정에 따라 무엇이든 할 수 있는 사회로 변화하고 있다. 사회생활에서 받은 스트레스를 이러한 단순한 놀이를 통해 해소하고 마음의 안정을 얻으려는 욕구가 있는 것 같다.

(4) 다른 사람들과 같이 어울리는 게 아니라 사회적인 소통이 없이 혼자만의 작업에 몰두하는 것은 다시 생각해 봐야 할 점이다.

3-2 여가 생활

1 어휘

01

(1) 간식을 마련해
(2) 탁 트인
(3) 로고가 찍힌
(4) 막대를 흔드는
(5) 흥을 돋우는

02

(1) 단순해서, 단순한
(2) 배부될, 배부된
(3) 특이해서, 특이한
(4) 활용될, 활용되는
(5) 과시했다, 과시하는

03

(1) 알차게
(2) 활력소
(3) 충족시켜
(4) 해소하기

2 문법 및 표현

N-에 관해(서)

01

(2) 여가 생활에 관해, 다시 일할 수 있는 힘을 얻고 가족

관계나 인간관계가 더욱 좋아진다는
(3) 행복에 관해, 건강하게 사는 것과 하고 싶은 일을 하는
(4) 나 자신에 관해

뭐니 뭐니 해도

02

(2) 고향 음식이 최고지
(3) 적성에 맞는가를 먼저 따져봐야지요
(4) 건강이 가장 중요하다고 생각해요

03

(1) 인터넷으로 주문하면 싸니 어쩌니 해도 많이 사면 큰돈이 든다
(2) 적게 먹으면 살이 빠지니 어쩌니 해도 운동을 하지 않으면 다시 찐다
(3) 신부가 인물이 없니 어쩌니 해도 신랑하고 행복하게 살면 최고이다
(4) 회사 일이 힘드니 어쩌니 해도 찾아보면 이만한 데가 없다

V-는다거나

04

(2) 동호회 활동을 한다거나 낯선 장소에 자주 가서
(3) 가족과 함께 할 수 있는 활동을 하면

V-(으)ㄹ 만하다

05

(2) 쓸 만한, 쓸 만한
(3) 먹을 만한, 먹을 만해
(4) 참을 만해요
(5) 입을 만한데, 입을 만하면

3 읽고 쓰기

(1) 2013년부터 대체 공휴일제가 도입되면서 여가에 대한 인식이 바뀌고 있다. 하지만 여전히 한국 사람들은 모든 일을 끝내고 나서 남는 시간이 여가 시간이라는 인식이 강하다. 아직까지는 일을 여가보다 더 중요하게 생각하는 것이다. 다시 말해 여가는 일보다 중요하지 않다고 생각하는 사람이 많다는 의미이다.

(2) 문화체육관광부가 만 15세 이상 성인 남·여 5,000명을 대상으로 한 '국민여가활동조사'에 따르면 조사 대상 중 절반 이상(62.2%)이 여가 시간에 '쉬는' 것으로 나타났다. 그 중에서도 가장 만족을 느끼는 휴식 활동은 TV시청(51.4%)이었다. 이는 여가 시간이 단순히 일로 인해 쌓인 피로를 푸는 시간으로 인식되고 있음을 보여준다.

(3) '국민여가활동조사' 결과 한국인의 평일 평균 여가 시간은 3.6시간으로 나타났는데 이는 2010년 조사 결과인 4시간보다 0.4시간 감소한 것이다. 월 평균 여가 비용은 130,000원으로 2010년 168,000원보다 38,000원이 감소했다. 이것은 최근 어려워진 경제 상황의 영향 때문으로 볼 수 있다.
(4) 북유럽 국가들의 여가 시간은 하루 평균 6시간 내외로 한국보다 2배 정도 많으며 주로 레크리에이션이나 하이킹, 자전거 타기, 보트 타기, 스키 등의 스포츠를 즐긴다. 한국문화관광연구원 김도현 연구원은 '유럽에서 여가 문화가 발달된 이유는 여가 시간이 많고 여가는 시간과 비용을 투자하여 즐기는 것이라는 인식이 정착되어 있기 때문'이라고 했다. 이에 반해 '한국 국민의 경우 자녀 사교육, 노후 대책, 금융 상품 구입, 주택 마련 등으로 가계 지출이 많기 때문에 여가 활동에 지출할 시간과 비용이 줄어들 수밖에 없다'고 분석했다.

더 배워 봅시다

(1) 숨이 트이는 것 같아
(2) 어깨가 무겁지만
(3) 배가 아파
(4) 시선을 끄는

제4과 생태와 환경

4-1 생태와 환경

1 어휘

01

(1) 수생
(2) 철새
(3) 도래지
(4) 천연기념물
(5) 장관

02

(1) 식물
(2) 동물
(3) 곤충류
(4) 조류

03

(1) 산다, 산다/서식한다, 사는/서식하는
(2) 부수었다, 파괴한다/부순다, 파괴한다
(3) 없어졌다, 사라졌다, 없어졌다/사라졌다
(4) 서서히/천천히, 천천히, 서서히

04

(1) 띄는, 띄지, 띄어
(2) 마른다, 마른다, 말랐다
(3) 나섰다, 나설, 나섰다는

05

(1) 보호
(2) 보존
(3) 개발
(4) 회복
(5) 파괴
(6) 동참

2 문법 및 표현

A/V-기에 망정이지

01

(1) 그만하기에 망정이지
(2) 의사가 있었기에 망정이지 하마터면 큰일 날 뻔했어요
(3) 이륙하기 전이었기에 망정이지 큰 사고가 날 뻔했어요

N을/를 비롯하다

02

(1) 한국의 대통령을 비롯하여 각국의 정상들
(2) 한글놀이터를 비롯하여 다양한 체험 시설
(3) 기억력을 비롯하여 여러 가지 뇌 기능
(4) 한국 최초의 액션 영화를 비롯하여 1960년대 영화들

V-자고 들다

03

(1) 극복하자고 들면
(2) 이야기하자고 드니
(3) 만나자고 들면
(4) 하자고 들면

그리 A/V-지 않다

04

(1) 그리 어렵지 않았어요
(2) 그리 많지 않았어요
(3) 그리 무겁지 않아서
(4) 그리 복잡하지 않으니까

3 읽고 쓰기

(1) 방아쇠 효과란 평형이 유지되고 있던 생태계에 인위적인 힘을 가함으로써 변화가 일어나고 그 영향이 연쇄적으로 확대되어 생태계 전체의 평형이 무너지는 것을 말한다.
1907년 미국의 한 고원에서는 사슴을 보호하기 위해 퓨마와 늑대를 없앴다. 고원에서 퓨마와 늑대가 사라지자 사슴의 수는 급속히 증가했지만 사슴의 먹이인 풀이 부족해졌다. 결국 고원에서 풀이 사라져갔고 1924년에는 절반 이상의 사슴이 굶어 죽는 사태가 일어났다.

(2) 외래종이란 사람들의 실수나 의도에 의해 원래 서식지가 아닌 다른 지역에 새롭게 유입되는 동식물을 말한다. 외래종은 생태계의 평형을 깨뜨려 환경 문제가 되는데 이는 세계 곳곳에서 찾아볼 수 있다. 한국 역시 외래종 배스로 인해 생태계의 균형이 파괴되어 토종 물고기들의 수가 감소하는 심각한 상황에 놓이게 되었다.

4-2 환경 보호

1 어휘

01

(1) 유기농법
(2) 친환경
(3) 대체 에너지

02

(1) 달아, 달고, 단
(2) 갈았다, 갈았다, 갈던지
(3) 드러날까, 드러나자, 드러났다
(4) 졸랐다, 졸라, 졸라
(5) 꾸미기로, 꾸미고, 꾸민

03

(1) 비록
(2) 무려
(3) 그저
(4) 진작

2 문법 및 표현

V-자니

01

(2) 걸어가자니 멀고 버스를 타고 가자니 불편하다
(3) 만나자니 할 일이 많고 안 만나자니 친구가 섭섭해 할 것 같다
(4) 그대로 두자니 위험할 것 같고 수리하자니 가치가 사라질 것 같다
(5) 사용하지 않자니 농사짓기가 힘들고 사용하자니 건강에 나쁜 영향을 미칠까 걱정이 된다

V-아/어 대다

02

(1) 질러 댔으니
(2) 떠들어 대서
(3) 버려 대다가는
(4) 울려 대서

03

(1) 흔들어 대며
(2) 물어 대며
(3) 긁어 댑니다
(4) 짖어 대서

N(으)로 인해(서)

04

(1) 사용 증가로 인해서
(2) 지구 온난화로 인해서
(3) 환율 하락으로 인해서
(4) 짙은 안개로 인해서

A/V-거니와

05

(1) 햇볕 쬐기를 주저하거니와 실내에서 생활하는 시간이 길어졌기
(2) 당뇨병에 도움이 되거니와 다이어트에도 좋습니다
(3) 공예품을 만들 수 있거니와 퇴비로도 재활용을 할 수 있습니다
(4) 신선한 농산물을 먹을 수 있거니와 이산화탄소 발생량을 줄일 수 있습니다

3 읽고 쓰기

해안을 매립하여 국토를 넓히는 간척 사업은 옳지 않은 일이라고 생각한다. 이를 통해 해안 생태계가 파괴되고 어민들의 생활 터전이 사라지기 때문이다. 만약 간척 사업으로 수질 및 토양이 오염되는 사태가 벌어진다면 어떻게 되겠는가? 파괴된 생태계는 복원될 수 없을 뿐만 아니라 환경은 물론 사람들에게 막대한 영향을 미치게 될 것이다. 그러므로 간척 사업은 반드시 부정적인 영향도 충분히 고려하여 이루어져야 할 것이다.

더 배워 봅시다

(1) 진땀을 뺐어요
(2) 입을 맞춘
(3) 침이 마르도록
(4) 입에 달고 살면서도

제5과 현대 사회

5-1 외모

1 어휘

01

(1) 기본 조건
(2) 금상첨화
(3) 자기 관리
(4) 외모 지상주의

02

(1) 채워야, 채우고
(2) 빛나는, 빛나는
(3) 당할, 당하던/당한
(4) 부추겨서, 부추기고 있다
(5) 답답하고, 답답하고/답답해(서)

03

(1) 말쑥하게
(2) 촌스러워
(3) 갸름한
(4) 수수해
(5) 평범한
(6) 성숙하기

2 문법 및 표현

신경(을) 쓰다
같은 값이면 다홍치마
열을 올리다

01

(1) 신경(을) 쓴다, 신경(을) 써서, 신경(을) 쓰지 말고
(2) 열을 올리며, 열을 올려, 열을 올리고 있어서
(3) 같은 값이면 다홍치마

02

(1) 신경이 굵어서
(2) 신경이 가는
(3) 신경(을) 끊고

A/V-건 말건

03

(2) 비싸건 말건
(3) 피해를 주건 말건
(4) 오염되건 말건
(5) 있건 말건

A/V-기는 하다

04

(2) 알고 있기는 합니다
(3) 있기는 합니다, 다 품질이 나쁘다고는 할 수 없습니다
(4) 능력이 비슷한 사람이 있다면 외모가 좋은 사람에게 호감이 가는 것은 당연하다고 생각합니다/ 외모도 중요하기는 합니다. 그렇지만 외모가 능력보다 더 중요하게 평가되어서는 안 된다고 생각합니다. 가장 중요한 것은 그 일에 적합한 능력을 갖추었는가 하는 것입니다

A/V-(으)ㄹ 따름이다

05

(2) 놀라울 따름이다
(3) 당황스러울 따름이다
(4) 슬플 따름이다
(5) 죄송할 따름이다
(6) 답답할 따름이다

06

(2) 흘릴 따름이었다
(3) 선택했을 따름이다
(4) 할 따름이다
(5) 쳐다 볼 따름이었다
(6) 구경만 할 따름이다

3 읽고 쓰기

외모 가꾸는 남자들, 큰손으로 떠오른 3040

여성보다 더 꼼꼼하게 외모를 관리하는 직장 남성이 화장품 · 패션 시장을 이끌고 있다. 남성 화장품 시장은 해마다 10%씩 성장해 지난해 1조 8백억 원에 육박했고, 이발과 피부 관리 코너를 설치한 백화점의 남성 전용 매장 매출 증가율은 전체 매출의 3배가 넘었다. 미

용뿐만 아니라 의류나 잡화까지 남성 고객들의 뜨거운 호응을 얻고 있는 추세이다. 이는 남성도 자기 관리에 열심인 모습을 보임으로써 경쟁력을 갖추기 위한 것이라고 패션 전문가들은 밝혔다.

5-2 고령화 사회

1 어휘

01

(1) 수명
(2) 대책
(3) 저출산
(4) 양육비
(5) 부담

02

(1) 한창
(2) 턱없이
(3) 미처
(4) 비단
(5) 마냥

03

(1) 겪어, 겪고
(2) 차지했다, 차지하는
(3) 변변한, 변변하지
(4) 대응할 수 있는, 대응하지
(5) 개발하기로, 개발하는

04

(1) 재취업
(2) 노후 대책
(3) 실버산업
(4) 노인 복지
(5) 생산 인구

2 문법 및 표현

A/V-(으)ㄴ/는 반면(에)

01

(2) 출산율은 낮은 반면에
(3) 자꾸 오르는 반면에 남편 월급은 그대로여서 생활하기가 힘들다
(4) 쌀 생산량은 증가한 반면 쌀 소비량은 감소해서 농민들이 걱정이 많다

V-(으)ㅁ에 따라(서)

02

(1) 사회가 고령화됨에 따라 생산 가능 인구가 줄고 있다
(2) 1인 가구가 늘어남에 따라 소형 주택의 인기가 높아지고 있다
(3) 건강에 대한 관심이 증가함에 따라 건강식품 판매량이 늘었다
(4) 경기가 회복됨에 따라 실업률이 감소하고 있다
(5) 결혼 연령이 늦어짐에 따라 출산율이 저조해지고 있다

03

(2) 영화 '사랑'이 재미있다는 소문이 남에 따라
(3) 비만 인구가 10년 새 5배나 증가함에 따라
(4) 정부가 새 부동산 정책을 내 놓음에 따라
(5) 날씨가 포근해짐에 따라

A/V-(으)니

04

(2) 바쁘니
(3) 너무 많으니
(4) 열심히 만들었으니
(5) 하루 종일 서 있으니

3 읽고 쓰기

(1) 정부는 출산율이 낮은 이유를 결혼을 일찍 하지 않으려는 현상 때문인 것으로 분석했다. 그래서 미혼 남녀들이 결혼을 일찍 할 수 있도록 하기 위해서 '만혼 대책'을 세웠다. 이 대책에서 가장 중요한 점은 청년층의 고용률을 확대하는 것이다. 청년들이 직장에 빨리 자리를 잡고 안정적으로 일할 수 있도록 정부가 도와주면 결혼도 할 수 있고 결혼을 빨리 하게 되면 아이도 낳을 것이라는 예측에서 비롯된 것이다.

(2) 최소한의 결혼 조건에 대해 설문 조사한 결과 안

정적인 직장이 있으면 결혼하겠다는 의견이 과반수를 넘었다. 취업을 준비하고 있는 '강창수' 씨도 취업을 하지 못해서 결혼을 못 하고 있다고 했으며 대기업 인턴사원으로 일했던 '이시경' 씨도 정규직이 된 후에 결혼하겠다고 했다. 이러한 사실을 통해 만혼율을 낮추기 위해서는 청년층의 안정적인 고용을 확대해야 한다는 것을/를 알 수 있다.

더 배워 봅시다

(1) 풀이 죽어 있어
(2) 허리띠를 졸라매야 겠어
(3) 한 배를 타고
(4) 판에 박은 듯한

제6과 한국의 전통

6-1 한국의 전통

1 어휘

01

(1) 문화유산
(2) 자연유산
(3) 무형유산
(4) 기록유산

02

(2) 한복
(3) 한옥
(4) 한지
(5) 한의학

03

(1) 물려주었다/전수했다, 물려주신, 물려주고
(2) 지정했다, 선정하여, 지정하여/선정하여
(3) 복구하려면/복원하려면, 복구하는, 복구하기

04

(1) 부드럽고, 부드럽게, 부드럽게
(2) 젖었다, 젖어, 젖어
(3) 질겨서, 질긴지, 질긴

2 문법 및 표현

A/V-(으)면서도

01

(1) 화면은 더 커졌으면서도 무게는 더 가벼워졌습니다
(2) 설탕 그대로이면서도 칼로리는 낮춰서
(3) 두께는 반으로 줄이면서도 보온성은 배로 높인 것이
(4) 가격은 저렴하면서도 품질이 좋아서

N치고(는)

02

(1) 교통사고가 난 것치고는 많이 다치지 않았습니다
(2) 겨울치고는 날씨가 따뜻했어요
(3) 신인치고는 연기력이 아주 좋았습니다
(4) 수입차치고는 가격이 저렴한 편이라 소비자들이 많이 구매하는 것 같습니다

03

(1) 사탕을 싫어하는 아이는 없으니까요
(2) 초콜릿을 안 좋아하는 사람은 없잖아요
(3) 김치를 싫어하는 사람은 없다고
(4) 성격 나쁜 사람은 없어

V-아/어 내다

04

(2) 봄철 채소로 졸음을 이겨 낼 수 있습니다
(3) 농약의 유혹을 버티어 내는 것이 유기 농업의 시작입니다
(4) 힘든 시간을 견디어 냈기에 꿈을 이룰 수 있었습니다

A/V-고 해서

04

(1) 주차가 편하고 유지비도 적게 들고 해서
(2) 자원을 재활용할 수 있고 환경도 보호할 수 있고 해서
(3) 가창력이 뛰어나고 춤 실력까지 대단하고 해서
(4) 업무 파악이 안 되고 회사 분위기에도 적응을 못하고 해서
(5) 기분 전환에 도움이 되고 좋은 얘기를 들으면 희망이 생기고 해서

3 읽고 쓰기

판소리는 북 장단에 맞추어 소리꾼이 대사와 소리(노래)로 이야기를 엮어가는 한국 고유의 음악 장르이다. 판소리라는 말은 '여러 사람이 모인 장소'라는 뜻의 '판'과 '노래'를 뜻하는 '소리'가 합쳐진 말이다.

판소리는 전라도 지역을 중심으로 발전하였는데 크게 동편제와 서편제로 나눈다. 이는 전라도 지역을 섬진강을 기준으로 동쪽과 서쪽으로 나눈 데서 유래한 것이다. 섬진강의 동쪽 지역을 중심으로 발전한 동편제가 기교보다는 소리 자체를 중요하게 여기는 데 반해 서쪽 지역을 중심으로 발전한 서편제는 발성의 기교를 중요시하며 다양한 기교를 부린다. 또한 동편제는 호령하는 듯한 남성적인 호령조 중심인 반면에 서편제는 부드러우면서도 애절한 여성적인 설움조 중심의 소리를 가지고 있다. 따라서 서편제는 동편제에 비해 슬픈 가락이 많다.

동편제는 장중하게 시작되는 데 반해 서편제는 부드럽게 시작한다. 또한 동편제는 끝마침이 명확하여 남성적인 느낌을 주는 것과 달리 서편제는 소리의 끝이 늘어지면서 끝나기 때문에 여성적인 느낌을 준다.

6-2 한국의 명소

1 어휘

01
(1) 죽순, 죽제품
(2) 염분, 염전
(3) 습도, 속도
(4) 온정, 기온
(5) 교실, 침실

02
(1) 굳어서, 굳어, 굳게
(2) 통한다, 통하는, 통하지
(3) 곧은, 곧으셔서, 곧게

03
(1) 졸졸
(2) 쭉
(3) 솔솔
(4) 쑥

04
(1) 옮기는, 옮겼다
(2) 이동한다, 이동하는
(3) 달콤했다, 달콤한
(4) 달게, 달게
(5) 아쉬운, 아쉽게
(6) 섭섭했다, 섭섭한

05
(1) 유적지
(2) 명승지
(3) 휴양지
(4) 관광지

2 문법 및 표현

V-(으)ㄹ세라

01
(1) 드레스를 밟을세라 들고 걸었다
(2) 고객들이 작은 불편함이라도 느낄세라 보이지 않는 부분까지 신경을 쓴다
(3) 남편의 경기에 지장이 있을세라 운전도 못하게 한다
(4) 아이들의 마음이 다칠세라 주인공이 행복하게 사는 걸로 결말을 바꾸었다

A-기 그지없다

02
(1) 부끄럽기 그지 없습니다
(2) 죄송하기 그지 없습니다
(3) 훌륭하기 그지 없었습니다
(4) 무겁기 그지 없었습니다

V-고 보니

03
(1) 타고 보니 다른 곳으로 가는 버스지 뭐야
(2) 사장이 되고 보니 책임감이 무거워
(3) 사고 보니 갖고 있는 옷이랑 비슷해서요
(4) 듣고 보니 이해가 되네요

N(이)며 N(이)며

04

(1) 탑이며 사원이며 많은 불교 유적지들이 훼손되었다
(2) 김장이며 판소리며 여러 가지 세계무형유산을 보유하고 있다
(3) 홍삼이며 비타민이며 다양한 건강식품을 구매하는 20~30대가 늘었다
(4) 체리며 망고며 여러 가지 수입 과일에 밀려 국산 과일의 판매량이 감소하고 있다

3 읽고 쓰기

지난 주말에 청송을 다녀왔다. 경상북도에 위치한 청송은 주산지와 주왕산으로 유명한 곳이다. 대구에서 고속버스로 청송까지 간 후 청송에서 다시 주산지가 있는 마을까지 가는 버스로 갈아탔다. 달리는 버스 창밖으로 본 시골의 가을은 붉게 익어가는 사과와 누렇게 익어가는 벼로 풍요로워 보였다.

주산지는 영화 '봄 여름 가을 겨울 그리고 봄'의 촬영지로 유명한 곳이다. '봄 여름 가을 겨울 그리고 봄'은 내가 처음으로 본 김기덕 감독의 영화였고, 내게 한국이라는 나라를 알려 준 영화다. 그래서 한국에 오게 되면 꼭 가 보고 싶었던 곳이었다.

주산지에 도착했을 때 나는 입을 다물 수가 없었다. 물속에서 자라난 나무들은 마치 요정처럼 물 밖으로 몸을 내밀고 있었고 색색으로 물든 단풍잎은 물 위에 비쳐 꿈속의 풍경처럼 보였다. 마치 물속에 또 다른 세상이 있는 것처럼 느껴져 나는 물속으로 손을 넣어 보았다. 그런데 영화에서 보았던 절이 보이지 않아 다른 관광객에게 물어보았더니 자연 보호를 위해 촬영이 끝난 후 철거했다고 했다. 물 위에 떠 있는 절이 너무나 보고 싶었는데 …….

주산지에서 아름다운 경치와 맛있는 음식으로 눈과 배를 채운 나는 주왕산으로 이동했다. 주왕산은 매년 5월 초에 열리는 '수달래 축제'로 유명한 곳이다. 주왕산에 도착하자 맑은 물이 흐르는 시원한 계곡이 발걸음을 멈추게 했다. 계곡물에 비치는 푸른 하늘과 두둥실 떠 있는 구름이 마음을 편안하게 해 주었고, 하늘 높이 우뚝 솟은 바위가 절경의 아름다움을 더해 주었다. 나는 바위 위에 올라가 선녀들이 목욕을 했다는 선녀탕도 보고 주왕산의 경치를 온몸으로 만끽했다. 흐르는 물소리, 나무들의 숨소리, 산행하는 사람들의 발소리가 아름답고 고요한 주왕산을 더욱 멋스럽게 만들었다.

계곡 근처를 구경하고 있는데 관리 아저씨가 오셔서 주왕산의 전설에 대해 이야기해 주셨다. 과거에 '주왕'이라는 사람이 이곳에서 죽었는데 그때 흘린 피가 계곡과 땅을 붉게 물들였고 이듬해 봄에 '수달래'라는 꽃으로 피었다고 한다. 아저씨는 일주일만 일찍 왔어도 만개한 수달래를 볼 수 있었을 거라며 나보다 더 안타까워하셨다. 수달래의 붉은빛에 이런 전설이 담겨 있다는 게 놀랐다. 그리고 수달래가 붉게 핀 광경을 볼 수 없다는 게 무척 아쉬웠다. 주왕산은 수달래를 비롯해 산 전체에 전설이 얽히지 않은 곳이 없다고 한다. 주왕산의 곳곳에 숨겨진 전설에 대해 공부하며 등산한다면 더 재미있는 여행이 될 것 같다는 생각이 들었다. 내년 수달래 축제 때 다시 한번 주왕산을 방문하고 싶다.

더 배워 봅시다

(1) 덧났어요
(2) 날고기
(3) 군살
(4) 들쑤시면

7과 소비와 경제생활

7-1 낭비와 소비

1 어휘

01

(1) 힘차게
(2) 희망찬
(3) 활기차고
(4) 보람차게

02

(1) 바자회
(2) 벼룩시장
(3) 과소비
(4) 충동구매

03

(1) 하긴
(2) 막상
(3) 설마

04

(1) 절약해
(2) 알뜰한
(3) 허비하지
(4) 낭비하지
(5) 파산해서
(6) 바닥나서
(7) 서운하다
(8) 허전하다
(9) 허겁지겁
(10) 허둥지둥

2 문법 및 표현

A/V-다더니

01

(1) 아프다더니
(2) 미용실에 간다더니
(3) 집에서 싸 온다더니
(4) 새 옷이라더니

02

(1) 발 없는 말이 천리 간다더니
(2) 김칫국부터 마신다더니
(3) 등잔 밑이 어둡다더니
(4) 사공이 많으면 배가 산으로 간다더니

A/V-고 나면

03

(1) 엄마가 되고 나면
(2) 운동하고 나면
(3) 화해하고 나면
(4) 과식을 하고 나면
(5) 사춘기가 지나고 나면

A/V-다고 치다

04

(1) 했다고 쳐도
(2) 했다고 치자
(3) 왔다고 치면
(4) 본다고 치고

A/V-(으)ㄴ/는 셈이다

05

(2) 받는 셈이다
(3) 다름없는 셈이다
(4) 보는 셈이다
(5) 10~20대인 셈이다
(6) 올린 셈이다

3 읽고 쓰기

서울에 살고 있는 직장인 500명을 대상으로 충동구매를 하는 이유와 충동구매 후에 하는 행동에 대한 설문 조사를 실시하였다. 먼저 충동구매를 하는 이유로는 제품이 '한정판'이기 때문에가 49%로 1위를 차지했고, '조급함(14%)', '군중심리'와 '스트레스'(4%)가 그 뒤를 이었다. 충동구매를 한 후에 하는 행동으로는 '후회는 되지만 귀찮아서 그냥 쓴다'라고 답변한 사람이 55%로 가장 많았다. 다음으로'구매 자체를 즐긴 것에 위안을 삼는다(21%)','자책하면서 제품을 방치한다(19%)'의 순으로 나타났다. 반면 '교환이나 환불을 한다'는 의견은 4%에 불과했다. 이 설문 조사를 통해 직장인들은 한정판 제품일 때 충동적으로 구매를 하고, 충동구매 후에 후회는 하지만 환불이나 교환이 귀찮아서 그냥 쓰는 사람이 많다는 것을 알 수 있다.

7-2 광고 이야기

1 어휘

01

(1) 역효과
(2) 역이용
(3) 역기능

(4) 역수출

02

(1) 특이한
(2) 기발한
(3) 광고하고
(4) 홍보했다
(5) 무심코
(6) 단순히

03

(1) 호소하며, 호소하는
(2) 그쳐서, 그치고
(3) 지나치고, 지나치면
(4) 제시해, 제시해야 했다
(5) 딱딱해져서, 딱딱해서, 딱딱하고

2 문법 및 표현

V-(으)ㄴ/는가 하면

01

(2) 사람이 해야 할 집안일을 대신해 주는가 하면
(3) 먹거리를 직접 재배할 수 있는가 하면

V-(으)ㄴ/는/(으)ㄹ 듯하다

02

(2) 있는 듯하다
(3) 내릴 듯하다
(4) 슬픈 듯하다
(5) 한 달을 기다려야 할 듯하다
(6) 유행하는 듯하다

03

(2) 하늘에서 천사가 내려온 듯하다
(3) 상다리가 부러질 듯하다
(4) 손에 잡힐 듯하다
(5) 둘이 먹다가 하나가 죽어도 모를 듯하다

V-(으)ㄹ지라도

04

(1) 침착하게 행동해야 한다
(2) 노력하지 않으면 꿈을 이룰 수 없다
(3) 사랑하는 마음은 변함없다
(4) 경제 발전이 중요할지라도
(5) 해외에서 인기를 얻을 수도 있다
(6) 유학 생활이 힘들지라도

05

(1) 체격은 작을지라도
(2) 출발할지라도
(3) 대학교를 졸업하지 않았을지라도
(4) 실패했을지라도
(5) 못 받았을지라도
(6) 금리가 낮을지라도

3 읽고 쓰기

드라마의 인기가 높아지면 드라마 속에서 배우들이 입은 옷, 착용한 액세서리, 먹은 음식, 촬영한 장소 등 다양한 것들이 화제가 된다. 드라마에 등장한 물건이나 장소는 거부감 없이 소비자에게 다가갈 수 있기 때문에 많은 업체가 이런 효과를 노리고 간접 광고를 활용하고 있다.

간접 광고란 광고 업체가 드라마 제작비를 지원해 주는 대신 당사의 제품을 드라마에 노출시키는 것을 말한다. 이러한 간접 광고는 광고 업체의 제품이나 브랜드를 홍보하여 소비자들에게 제품의 인지도를 높이려는 것이 목적이다.

간접 광고는 회사의 이미지를 좋게 만들고 제품을 홍보하여 매출을 올리고 드라마 제작비를 지원 받을 수 있다는 장점이 있지만 문제점도 많다. 예컨대 드라마에 나오는 주인공들의 직업이 편중되거나 지나친 광고로 인해 극의 흐름이 깨지기도 한다. 또한 시청자들로 하여금 광고인지 아닌지 정확히 분간을 하지 못하게 하여 홍보성 정보에 현혹될 우려가 생기기도 한다.

이러한 문제점들에도 불구하고 앞으로 간접 광고의 규모와 영향력은 더욱 커질 것으로 전망된다.

더 배워 봅시다

(1) 잔소리
(2) 맨손
(3) 빗디뎌서
(4) 맞바꿔서

제8과 한국의 문학

8-1 한국의 시

1 어휘

01

(1) 서서히
(2) 그윽이
(3) 자연스레
(4) 하물며

02

(1) 가위질
(2) 부채질
(3) 칼질
(4) 걸레질
(5) 되풀이하지
(6) 되살리기
(7) 되새겨
(8) 되팔아

03

(1) 떠돌기, 떠돌던, 떠돈
(2) 머무르기로, 머물렀다, 머무르고
(3) 나타내고, 나타내기, 나타냈다
(4) 엿보았다, 엿볼, 엿보다가
(5) 등장하는, 등장했다, 등장하고

04

(1) 상징한다
(2) 비유한
(3) 중의적인
(4) 함축하고

2 문법 및 표현

A/V-거든

01

(1) 오거든 기다리라고 해 주세요
(2) 안 외워지거든 되풀이해서 읽고 또 읽어 봐
(3) 긴장이 많이 되거든 눈을 감고 천천히 숨을 쉬어 보세요
(4) 다른 시도 읽어 보고 싶거든 상우 씨에게 부탁해 보세요

N(으)로는

02

(1) 현재의 상황으로는 관광이 어려울 것으로 예상된다
(2) 현재의 기술로는 치료가 불가능하다
(3) 설문 조사 결과로는 직접 만든 선물에 감동을 받는 사람들이 많다는 것을 알 수 있다

A/V-(으)ㄴ/는 이상

03

(1) 관계자가 아닌 이상 출입할 수 없다
(2) 결정된 이상 따라야 한다
(3) 맡은 이상 최선을 다해야 한다
(4) 한 이상 지켜야 한다

N의 여지가 없다

04

(1) 재고의 여지가 없습니다
(2) 반박할 여지가 없었어요
(3) 입추의 여지가 없이

3 읽고 쓰기

사랑하는 까닭

내가 당신을 사랑하는 것은 까닭이 없는 것이 아닙니다.
다른 사람들은 나의 씩씩한 발걸음만을 사랑하지만
당신은 나의 축 처진 어깨도 사랑하는 까닭입니다.

내가 당신을 믿는 것은 까닭이 없는 것이 아닙니다.
다른 사람들은 나의 능력만을 사랑하지만
당신은 나의 빈 주머니도 사랑하는 까닭입니다.

내가 당신을 의지하는 것은 까닭이 없는 것이 아닙니다.
다른 사람들은 나의 과거에 얽매이지만
당신은 나의 앞길을 밝혀 주는 까닭입니다.

8-2 생활 속의 수필

1 어휘

01

(1) 도리어
(2) 참으로
(3) 어느새
(4) 별안간
(5) 가령

02

(1) 비인간적인
(2) 비공개
(3) 비전문가
(4) 비생산적인
(5) 비현실적인
(6) 불성실하게
(7) 부조화
(8) 불확실하다
(9) 부자연스러웠다고
(10) 불이익

03

(1) 파서, 파다
(2) 씨름하고, 씨름하던
(3) 돌아섰다, 돌아선
(4) 배서, 배어

04

(1) 성실하게
(2) 나태한
(3) 검소한
(4) 당당하게
(5) 사치스럽다

2 문법 및 표현

V-지 않으면 안 되다

01

(2) 계약 전에 꼼꼼히 알아보지 않으면 안 된다
(3) 실내외 온도차가 5도를 넘지 않도록 주의하지 않으면 안 된다
(4) 싱겁게 먹도록 식습관을 바꾸지 않으면 안 된다
(5) 일회용품의 사용을 줄이지 않으면 안 된다

A/V-건마는

02

(1) 나는 어깨 너머로 밀어 버렸다
(2) 김 첨지는 집을 뛰어나왔다
(3) 내 방은 햇빛이 들지 않는다

A/V-노라면

03

(1) 넓은 바다를 보고 있노라면
(2) 잘못된 자세로 일을 하노라면
(3) 학생들을 가르치노라면
(4) 힘들게 산을 오르노라면

N(이)니 N(이)니

04

(1) 학벌이니 경력이니 해도
(2) 영화배우니 모델이니 해도
(3) 반지니 목걸이니 해도

3 읽고 쓰기

집에 돌아온 옥희의 손에 꽃이 있었습니다. "그 꽃은 어디서 났니? 퍽 곱구나."하고 물었습니다. 옥희는 잠시 망설이더니 "응, 이 꽃! 사랑 아저씨가 엄마 갖다 주라고 주셨어."하고 말했습니다.

내 얼굴은 금방 화끈거렸습니다. 그리고 꽃을 든 손가락이 파르르 떨렸습니다. 나는 방 안을 휘 한 번 둘러보고 "옥희야, 그런 걸 받아 오면 안 돼."하고 말했습니다. 나는 옥희를 방 안으로 데리고 들어와 "옥희야, 너 이 꽃 얘기 아무에게도 하지 마라, 응." 하고 타일렀습니다. 옥희는 "응." 하고 대답하며 고개를 까닥였습니다. 나는 그 꽃을 꽃병에 꽂아 풍금 위에 놓아 두었습니다. 며칠이 지나자 꽃은 시들었고, 나는 가위로 꽃을 잘라 찬송가 갈피에 끼워 두었습니다.

더 배워 봅시다

(1) 공책만해서

(2) 풋내기
(3) 알부자야
(4) 욕심쟁이

제9과 풍속과 음식

9-1 함

1 어휘

01

(1) 함
(2) 오곡 주머니
(3) 혼서지
(4) 상견례
(5) 혼수
(6) 이바지

02

(1) 요란하게, 요란한
(2) 외치는, 외치고
(3) 귀한, 귀한
(4) 간직하고, 간직할
(5) 전달해, 전달하려면
(6) 얽매여, 얽매이지

03

(1) 허례허식
(2) 격식
(3) 절차
(4) 통과 의례

2 문법 및 표현

V-(으)란 듯이

01

(1) 달란 듯이
(2) 보란 듯이
(3) 퇴근하지 말란 듯이
(4) 들으란 듯이
(5) 일으켜 달란 듯이

A/V-다던데

02

(2) 출퇴근한다던데
(3) 귀엽다던데
(4) 변경한다던데
(5) 한국어 선생님이 되는 거라던데

A/V-(으)ㄹ뿐더러

03

(1) 환경을 보호할 수 있을뿐더러 결혼 비용을 줄일 수 있어서
(2) 공부하는 학생들의 집중력을 향상시킬 뿐더러 우울증을 개선하는 데에 도움이 되기 때문에
(3) 경기가 나빠져 청년들의 취업이 어려울뿐더러 결혼을 안 해도 된다고 생각하는 사람들이 늘고 있기
(4) 시간과 장소의 구애를 받지 않고 쇼핑이 가능할뿐더러 집으로 직접 배달까지 해주기

꿈도 못 꾸다

04

(1) 꿈도 못 꿔요
(2) 꿈에 밟혀요
(3) 꿈인지 생시인지
(4) 꿈도 야무지네

3 읽고 쓰기

(1) 한국의 결혼식은 양가 어른들의 의사와 겉치레 때문에 성대하게 치러진다. 그러나 요즘은 작고 소박한 결혼식을 하려는 사람들이 늘고 있다.
(2) 웨딩 촬영을 직접 하고 결혼반지를 스스로 만드는 예비부부들이 늘고 있는 것을 보면 결혼식이 점점 실속 있게 변하고 있다는 것을 알 수 있다.
(3) 취업이나 전세금 대출 등의 경제적인 문제로 인해 결혼 후에도 혼인 신고를 미루는 커플이 늘고 있다.

9-2 한국의 떡

1 어휘

01
(1) 얹어서
(2) 기원하는
(3) 본떠(서)
(4) 밀접한
(5) 간편할

02
(1) 주물러, 주무른, 주무른
(2) 빚는다, 빚은, 빚고 있다
(3) 지진, 지지고, 지져서
(4) 찐, 찌고, 찌는
(5) 쳤다, 쳤다, 치고

03
(1) 포만감
(2) 책임감
(3) 만족감
(4) 성취감

2 문법 및 표현

A/V-(으)ㄴ/는지

01
(1) 사려고 하는지
(2) 주무시는지
(3) 좋은지
(4) 안 드는지

02
(2) 자고 있는지
(3) 아픈지
(4) 먹었는지
(5) 없는지
(6) 먹었는지
(7) 갔다 왔는지

A/V-았/었으면 하다[싶다/좋겠다]

03
(1) 비가 안 왔으면 좋겠어
(2) 농사를 지었으면 해
(3) 날았으면 싶구나
(4) 도와줬으면 좋겠어요
(5) 배웠으면 했는데

04
(1) 자식들이 건강하게 잘 자랐으면 좋겠어
(2) 우리 반 학생들이 모두 공부를 열심히 했으면 좋겠어
(3) 손님이 많이 와서 돈을 많이 벌었으면 좋겠어

A/V-(으)ㄴ/는 만큼

05
(2) 영양소가 풍부한 만큼
(3) 접할 기회가 적은 만큼
(4) 수화로 전달해 주는 만큼
(5) 전통 문화를 체험할 수 있는 기회를 제공하기 위한 것인 만큼

V-(으)ㄹ 겸 (해서)

06
(1) 나들이도 할 겸 전시도 볼 겸
(2) 건강도 지킬 겸 업무의 효율도 높일 겸해서
(3) 취미 활동도 할 겸 부업도 할 겸
(4) 더위도 피할 겸 피로도 풀 겸 해서

3 읽고 쓰기

'건강, 슬로, 로컬'로 대표되는 요즘의 식품 경향 속에서 한국의 전통 발효 식품인 된장이 새롭게 주목받고 있다. 된장이란 삶은 콩을 찧어서 발효시킨 메주를 다시 발효시켜 만든 장을/를 말하는 것으로 찌개나 장아찌, 쌈장, 고기 양념을 비롯한 한국 음식 전반에서 조미료(으)로 쓰인다. 요즘은 된장의 면역력 강화 기능, 항암 작용, 몸에 있는 나쁜 세균을 없애고 피로 회복에 도움을 주는 효능이 입증되어 된장 차나 된장 라면, 된장 초콜릿, 가루 된장, 화장품 등으로 다양하게 이용되고 있다. 그러나 된장은 냄새가 많이 나고 염도가 높아서 처음 먹는 사람에게는 거부감이 들 수도 있다. 그러므로 된장 요리를 할 때 야채를 함께 넣는다면 비타민도 보충할 수 있고 염도 또한 낮출 수 있을 것이다. 된장의 고유한 냄새가 싫은 사람은 가루 된장을 이

용하면 좋다. 이러한 방법을 통해 된장을 더욱 건강하게 즐길 수 있을 것이다.

더 배워 봅시다

(1) 정성껏
(2) 두근거려
(3) 먼지투성이
(4) 이쑤시개

제10과 대학 생활

10-1 모임과 활동

1 어휘

01

(1) 얼핏
(2) 기왕
(3) 억지로

02

(1) 넓혀, 넓히기로, 넓혀
(2) 어울리는, 어울린다, 어울리도록
(3) 익혀, 익힐, 익히는
(4) 어색해서, 어색한, 어색해

03

(1) 종강이니까
(2) 공강
(3) 휴강
(4) 폐강
(5) 특강
(6) 개강

04

(1) 고요히
(2) 철저히
(3) 돈독히
(4) 당당히

05

(1) 길이
(2) 한없이
(3) 깊이
(4) 꿋꿋이

2 문법 및 표현

V-(으)려던 참이다

01

(2) 밥을 하려던 참이었는데 친구가 피자를 사 왔다
(3) 청소를 하려던 참이었는데 친구가 벌써 청소기를 돌리고 있다
(4) 문자 메시지를 보내려던 참이었는데 전화가 왔다
(5) 이유를 물어보려던 참이었는데 소영 씨가 먼저 이야기를 했다

V-(으)나 마나

02

(2) 들으나 마나 보고서 작성하는 것을 도와달라고 할 것이다
(3) 검토해 보나 마나 서류를 잘 만들었을 것이다
(4) 장학금 신청서를 내나 마나 심사에서 떨어질 것이다
(5) 열어 보나 마나 상자 안에는 운동화가 들어 있을 것이다

N(이)나 N(이)나 할 것 없이

03

(2) 아이나 어른이나 할 것 없이
(3) 학생이나 직장인이나 할 것 없이
(4) 집이나 회사나 할 것 없이

04

(1) 너 나 할 것 없이
(2) 너 나 할 것 없이
(3) 두말할 것 없이
(4) 두말할 것 없이

3 읽고 쓰기

대학의 기능은 크게 교육 기능, 연구 기능, 사회봉사 기능으로 나누어 설명할 수 있다. 대학은 발생 초

기부터 교육 기능을 중심으로 운영되었다. 중세의 대학은 교육을 통하여 교회 교리를 설명하고 신학의 이론적 근거를 제공하였다. 그 후 종교적인 기능이 약화되고 과학적 방법으로 발견한 실용적 지식을 전달하는 형태로 기능이 바뀌게 되었다. 대학의 연구 기능은 대학 발생 초기만 해도 필수적인 기능이 아니었다. 기존의 학문 활동은 지식 전달에 초점을 두고 있었으나 19세기에 접어들면서 새로운 지식의 발견으로 그 관심이 옮겨졌으며 이후 대학의 연구 기능은 교육 기능과 동등한 위치로 변하였다. 사회봉사 기능은 대학들이 산업 발전을 위한 활동들을 수행하게 됨으로써 생겨났다. 즉 대학의 사회봉사 기능은 교육 기능과 연구 기능의 성과를 사회를 위해 활용하는 것이다.

대학은 이러한 학문적 기능 외에 사회적 기능을 가진다. 과거 혈통이 신분을 결정하였다면 오늘날은 학력이 사회적 신분을 결정하게 되었다. 자칫 대학의 기능이 취업을 위한 준비 과정으로 오인되는 현실 상황에서 대학이 가진 본질적인 기능에 대해 다시 한 번 생각해 보는 시간을 가져야 할 것이다.

10-2 수강 신청과 학점

1 어휘

01

(1) 끼워도, 끼웠다, 끼워
(2) 짰다, 짠, 짜고
(3) 내딛을, 내딛게, 내딛는

02

(1) 빼고/제외하고
(2) 빼야
(3) 쉬운
(4) 쉽다/수월하다
(5) 주셨다
(6) 주기로/수여하기로
(7) 열었다
(8) 열게/개최하게

03

(1) 한결
(2) 더러
(3) 심지어

04

(1) 첫 단추를 잘못 끼우면
(2) 첫발을 내딛는
(3) 첫 삽을 뜨던

05

(1) 수강할
(2) 작성하고
(3) 정정할
(4) 제출해야
(5) 개설하기로

2 문법 및 표현

A/V-(으)ㄴ/는 법이다

01

(2) 언젠가는 밝혀지는 법이다
(3) 말조심을 해야 하는 법이다
(4) 부족하면 실패하는 법이다

V-기 십상이다

02

(2) 미끄러져서 다치기 십상
(3) 성인병으로 이어지기 십상
(4) 길 잃기 십상
(5) 피부 망가지기 십상

V-는 한

03

(1) 특별한 이변이 없는 한
(2) 인터넷 실명제가 실시되지 않는 한
(3) 남녀차별에 대한 의식이 바뀌지 않는 한
(4) 꿈을 가지고 노력하는 한

A/V-지 않고서는 A/V-(으)ㄹ 수 없다

04

(2) 신분증을 소지하지 않고서는
(3) 시험 시간이 종료되지 않고서는
(4) 감독관이 배부한 펜을 사용하지 않고서는

3 읽고 쓰기

개강을 앞둔 대학생 500명을 대상으로 수강 신청을 할 때 중요하게 고려하는 항목에 대해 설문 조사를 실시하였다. 조사 결과에 따르면 대학생들이 수강 신청을 할 때 가장 중요하게 고려하는 항목으로는 '강의에 대한 인기도'가 15.9%로 1위를 차지하였으며, '학점을 따기 쉬운 과목(15.3%)', '해당 과목에 대한 개인적 관심(13.7%)', '취업에 도움이 되는지 여부(13.4%)'가 그 뒤를 이었다.

성별에 따라서도 다른 결과를 보였는데, 남학생들은 '강의에 대한 인기도(22.3%)'를 가장 중요하게 고려한다고 하였고 '취업에 도움이 되는지 여부(19.2%)', '해당 과목에 대한 개인적 관심(12.3%)', '학점을 따기 쉬운 과목(11%)'이 그 뒤를 이었다. 이에 반해 여학생들은 '학점을 따기 쉬운 과목'이 19.6%로 1위를 차지하였으며 '해당 과목에 대한 개인적 관심(15.1%)', '강의에 대한 인기도(9.5%)', '취업에 도움이 되는지 여부(7.6%)' 순으로 나타났다. 이번 설문 조사를 통해 수강 신청 시 남학생들은 강의의 인기를, 여학생들은 학점을 가장 중요하게 고려하고 있음을 알 수 있다.

더 배워 봅시다

(1) 먹성
(2) 부러뜨려서
(3) 쌀쌀맞아
(4) 기름진

저자약력

김선정

University of London(SOAS) 언어학 박사
계명대학교 한국어교육과 교수
계명대학교 국제부총장

민경모

연세대학교 국어학 박사
계명대학교 한국어교육과 교수
계명대학교 국제처장

강현자

계명대학교 외국어로서의 한국어교육학 박사
계명대학교 Tabula Rasa College 교수

강진숙

계명대학교 외국어로서의 한국어교육학 박사 수료
계명대학교 한국어학당 강사

조미영

계명대학교 외국어로서의 한국어교육학 석사
계명대학교 한국어학당 강사

살아있는 한국어 워크북 5

지은이 김선정 · 민경모 · 강현자 · 강진숙 · 조미영
펴낸이 신일희
펴낸곳 계명대학교출판부

초판1쇄 발행 2015년 8월 31일
초판4쇄 발행 2025년 11월 28일

주소 대구광역시 달서구 달구벌대로 1095
전화 053) 580-6233
팩스 053) 580-6235

출판등록 1970. 9. 1.(제347-1998-1호)
홈페이지 www.kmupress.com

ISBN 978-89-7585-724-9 14710
978-89-7585-553-5 14710(세트)

정 가 15,000원

• 이 도서의 국립중앙도서관 출판예정도서목록(CIP)은 서지정보유통지원시스템 홈페이지(http://seoji.nl.go.kr)와 국가자료공동목록시스템(http://www.nl.go.kr/kolisnet)에서 이용하실 수 있습니다.(CIP제어번호: CIP2015023203)